Christian Pröls-Geiger

Hört auf zu streiten!

Christian Pröls-Geiger

Hört auf zu streiten!

Was Kindern hilft, wenn es
zu Hause kracht

Das rät ein
Kinderschutz-
experte

KÖSEL

 Für Lisa, Sophia und Leni

Christian Pröls-Geiger zeigt mit Empathie und Verständnis, wie Eltern aus der Streitspirale herauskommen und mit ihren Kindern in Verbindung bleiben. Wie entlastend für die ganze Familie!

Dieses Buch ist Brücke und Kompass zugleich. Dank der Hintergründe zu kindlicher Entwicklung und erwachsenem Verhalten erwirbt man tiefes Verständnis füreinander und für die Dynamik von Konflikten. So können wir Kindern liebevoll erklären, was bei Differenzen geschieht – und emotionale Schäden reparieren.

Konflikte können eine ebenso zerstörerische wie bereichernde Kraft entwickeln.»Hört auf zu streiten« zeigt leicht verständlich und umsetzbar, wie wir dies als Eltern lenken können. Ein wertvoller und starker Beitrag zu einem neuen Umgang mit Konflikten in Familien.

Ein wichtiger Ratgeber für alle Eltern, die familiäre Beziehungen authentisch und respektvoll gestalten möchten. Dieses Buch erklärt anschaulich anhand aktueller Wissenschaftsbefunde, wie ein gutes Konfliktmanagement gelingt, worauf es beim Versöhnen ankommt und wie familiäre Bindungen gestärkt werden.

Inhalt

Wegweiser zu den Übungen und Methoden

Warum dieses Buch?

»Es ist nicht mehr auszuhalten!«, »Mein Leben ist wie ein Schlachtfeld!« Mit diesen oder ähnlichen Worten beschreiben Jugendliche in meinen Beratungssituationen oft ihre Familien. Jüngere Kinder reagieren meist anders. Sie ziehen sich in ihr Schneckenhaus zurück und erzählen gar nichts über ihre Familien, um ja nichts falsch zu machen, oder sie spielen ihre Lebenswelt nach und präsentieren Streit- und Kampfsituationen in einer Spieltherapie. Manchmal melden sich auch die Kitas bei Beratungsstellen und teilen ihre Sorgen um diese Kinder mit. Die Eltern selbst haben sich »das alles anders vorgestellt«, manche wirken ratlos, wütend, resigniert oder traurig.

Da es immer wieder aufwühlend ist, wie Kinder, Jugendliche und ihre Eltern den familiären Alltag beschreiben, wenn Konflikte überhandnehmen, ist die Idee für dieses Buch entstanden.

Hoffentlich sind Sie noch nicht an diesem Punkt angekommen. Ich gehe aber davon aus, dass Sie sich Gedanken um die Konflikte in Ihrer Familie machen, wenn Sie zu diesem Buch gegriffen haben. Auch wenn Sie das Gefühl haben »Genauso wie diesen Jugendlichen geht es mir als Elternteil«, sind Sie hier richtig. Mein Ziel ist es, Ihnen Orientierung, Ideen und Anregungen zu geben, wie Sie mit Konflikten konstruktiver umgehen können, indem ich hilfreiches Wissen vor Ihnen ausbreite, Fragen stelle und Methoden aufzeige. Denn wahrscheinlich sind Sie mit einem anderen Bild oder einer anderen Hoffnung von einem Miteinander ins Familienleben gestartet.

Doch es ist gar nicht so selten, dass wir zumindest zeitweise nicht das harmonische und freudvolle Zusammenleben haben, das wir uns wünschen. »Hört auf zu streiten!« ist also eine Aufforderung unserer Kinder an uns. Sie wollen nicht den Spannungen, Unwägbarkeiten, dem Stress und den unangenehmen Gefühlen ausgesetzt sein, die Konflikte zwischen ihren Eltern in ihnen auslösen. Daher sind wir als Eltern gefragt, daran zu arbeiten, unseren Kindern eine Umgebung und eine Atmosphäre zu schaffen, in der sie sich gut und gesund entwickeln können. Wundern Sie sich also nicht, wenn Sie in diesem Buch neben Tipps, wie Sie ihren Kindern den Umgang mit dem Streit erleichtern können, auch zahlreiche Anregungen finden, was Sie als Erwachsener tun können. Denn was unseren Kindern vor allem hilft, wenn es zu Hause kracht, ist, dass wir Eltern dafür sorgen, diese Streitigkeiten in einem angemessenen Rahmen zu halten.

Dies konnte ich in meinem Berufsleben immer wieder erfahren. Seit 2007 arbeite ich in verschiedenen Kontexten, die von Konflikten geprägt sind. Zunächst habe ich vor allem mit Schulklassen, die von Mobbing, Konflikten und Außenseiterthematiken dominiert waren, gearbeitet; im Rahmen meiner Dissertation und meiner Arbeit am KinderschutzZentrum München dann vor allem mit Kindern, Jugendlichen und deren Eltern im familiären Kontext.

Konflikte haben, wie so viele andere Phänomene auch, zwei Gesichter: Sie können uns helfen im Sinne von »Reibung erzeugt Wärme« oder »Gewitter reinigen die Luft«. Sie können aber auch zerstörerisch und verletzend sein. Oft ist der Grat zwischen diesen beiden Ausprägungen schmal. Der Psychologe Arist von

Schlippe[1] hat sich auf den Soziologen Nikolas Luhmann berufen und Konflikte als Parasiten beschrieben. Also als Schmarotzer, die die Eigenschaft haben, sich auf alle Kommunikationsformen zu setzen, diese zu überwuchern und zu vergiften, falls man nicht früh Gegenmaßnahmen ergreift. Nehmen wir diese Metapher ernst, sollten wir möglichst früh versuchen, Streit konstruktiv auszutragen und Konflikte zu lösen, da dies immer schwieriger wird, je stärker sie sich verfestigt haben.

Damit meine ich nicht, dass Sie Konflikte vermeiden sollten. Es ist gut, diese auszutragen, aber man sollte sich überlegen, wie das achtsam und respektvoll gelingen kann. Denn unsere Familien sind auf Beziehung und Vertrauen gebaut, und unser Dilemma ist, dass Konflikte, wenn wir sie austragen, dieses Fundament angreifen können. Sie können aber genauso zerstörerisch wirken, wenn sie leise vor sich hin schwelen. Daher geht es in unserem Zusammenleben nicht um die Frage, *ob* wir uns streiten sollen, sondern darum, *wie* wir Konflikte konstruktiv und respektvoll austragen können. Denn so schützen wir zwei Grundpfeiler unserer Familien: unsere Paarbeziehung und die Beziehung zu unseren Kindern.

Nicht immer wollen beide Elternteile (zeitgleich) mit dem Streiten aufhören, manchmal empfinden sie die Streitigkeiten unterschiedlich belastend. Daher höre ich oft: »Ich versuche ja schon alles, um die Situation für meine Kinder besser zu machen. Der andere Elternteil muss halt auch mal mitmachen!« Ich weiß nicht, ob Sie diesen Gedanken auch kennen, aber er ist leicht nachvollziehbar. Es ist definitiv einfacher, aus Konflikten auszusteigen, wenn beide Parteien daran arbeiten. Aber manchmal steht ein Elternteil neuen Ideen und Veränderungen sehr skeptisch gegenüber oder tut sich schwer, sein Verhalten zu ändern. Dennoch lohnt es sich, auch allein nach Wegen zu suchen, die Streit-

kultur konstruktiver und respektvoller zu gestalten. Denn vor allem Kinder bemerken, wenn wir uns für sie anstrengen, auf sie eingehen und Dinge für sie besser machen wollen. Sie sind nachsichtig mit uns, wenn nicht jeder Versuch gelingt. Aber anstrengen sollen wir uns schon.

Außerdem kann es durchaus inspirierend wirken, wenn sich einer von zwei Streithähnen ändert. Einfach weil es weniger Gelegenheit zum Streit gibt, oder weil man sich unwohl fühlt, nicht auch etwas für eine bessere Konfliktkultur zu unternehmen, während der andere sich sichtbar engagiert.

Egal wie stark Streitigkeiten und Konflikte in Ihrer Familie vorkommen, es ist immer sinnvoll, sich mit diesem Thema auseinanderzusetzen, auch wenn es sperrig und unangenehm sein kann. Dass es manchmal auch unharmonisch oder hoch hergeht, kommt in vielen Familien vor. Viele dieser Konflikte finden jedoch hinter verschlossenen Türen statt. **Gerade in unseren Zeiten, in denen über die sozialen Medien oft Hochglanzbilder vom Familienleben vorherrschen, kann man schnell das Gefühl bekommen, als einziger Mensch oder als einzige Familie mit Streit und Dauerkonflikten zu tun zu haben.** Ich kann Ihnen versichern, dass dies nicht der Fall ist. Daher ist es gut, dass Sie sich mit sich und Ihren Konflikten auseinandersetzen; für Sie als Person, für Sie beide als Paar und vor allem auch für Ihre Kinder kann dies das Leben nicht nur stressfreier machen, sondern auch ihre Beziehungen vertiefen.

Kindern helfen, wenn es kracht

Bevor ich Ihnen ausführlich das Wesen von Konflikten schildere – ihre Entstehung, häufige Muster, Konflikttypen und Bewältigungsstrategien – will ich mit Ihnen zusammen einen Blick auf Ihr Kind werfen. Worauf müssen Sie achten und wie können Sie Ihren Nachwuchs ganz konkret unterstützen, wenn der Haussegen schief hängt? Darum geht es in diesem Kapitel.

Gerade in konfliktreichen Zeiten ist es wichtig, dass wir uns als Eltern bewusst machen, was unsere Kinder brauchen, damit wir einen guten inneren (Erziehungs-)Kompass haben. Aufbauend auf diesem Gedanken, werde ich Ihnen einerseits Inputs zu der Frage geben, wie Kinder gesund groß werden und wie Konflikte auf sie wirken. Ich stelle Ihnen andererseits Tools vor, mit denen Sie als Eltern Ihre Kinder gut durch hitzige Zeiten begleiten können.

Bedürfnisse erkennen

Liebe ist das Fundament, auf dem wir unsere Familie aufbauen. Dass Liebe alleine jedoch nicht reicht, ist ebenfalls ein geflügeltes Wort. Das gilt sowohl für die Paarbeziehung zwischen uns als

Eltern als auch für die Beziehung zu unseren Kindern. Was brauchen wir noch in unserem täglichen Miteinander? Neben Worten zählt vor allem die nonverbale Kommunikation. **(Kleine) Gesten sind für alle Familienmitglieder wichtig,** vor allem wenn die alltägliche Routine uns gerade mal wieder total absorbiert. Auf Paarebene sind das zum Beispiel:

- der Kuss zu Begrüßung
- Komplimente
- Blickkontakt
- ein Lächeln
- liebevolle Berührungen
- Geburtstagsgeschenke
- Zeit zu zweit
- sich aufmuntern
- einander zuhören
- präsent sein

Auf der Eltern-Kind-Ebene sind diese Gesten ähnlich und doch ein bisschen anders:

- Lob
- Aufmerksamkeit
- ein Lächeln
- verfügbar sein
- zuhören
- gemeinsames Spielen
- ungestörte Zeit miteinander
- Interesse an der Welt des Kindes zeigen
- Begrüßungs- und Abschiedsrituale
- umarmen/kuscheln

Neben einer überwiegend wohlwollenden Kommunikation ist auch ein feinfühliger Umgang mit den Emotionen und Bedürfnissen aller Familienmitglieder notwendig, um eine positive Familienatmosphäre und mit ihr eine gute Grundlage für die gesunde Entwicklung unserer Kinder zu schaffen. Ein gutes Modell, um menschliche Bedürfnisse zu untergliedern und zu gewichten, ist die Bedürfnishierarchie beziehungsweise -pyramide des US-amerikanischen Psychologen Abraham Maslow.[2] Sie liefert auch ohne ausführliche Erläuterungen schnell und intuitiv einen Überblick.

Bedürfnispyramide (in Anlehnung an Zimbardo & Gerrig 1996)

In seiner Hierarchie geht Maslow davon aus, dass Menschen immer so lange mit der Befriedigung der Bedürfnisse einer Hierarchiestufe beschäftigt sind, bis diese erreicht ist. Erst dann sind Menschen motiviert, sich um die Bedürfnisse auf der nächsten Ebene zu kümmern. Dass wir zuallererst Luft zum Atmen, Nahrung und alles andere anstreben, was unser Überleben sichert, scheint logisch. Auch dass Sicherheit als nächste Stufe ein zentrales Anliegen von uns Menschen ist, lässt sich gut nachvollziehen. Sind diese lebensnotwendigen Bedürfnisse gestillt, streben wir laut Maslow als Nächstes nach Bindung und Zugehörigkeit und in der darauf folgenden Stufe danach, uns wertvoll zu fühlen und Vertrauen in uns zu haben. Erst wenn wir dies alles erreicht haben, können wir uns um unsere kognitiven Bedürfnisse kümmern, beispielsweise darum, etwas Neues zu lernen. Ästhetische Anliegen folgen erst danach, also beispielsweise das Bedürfnis, Ordnung oder schöne Dinge in unserem Leben zu haben. Als vorletzte Stufe schließt sich das Bedürfnis nach Selbstverwirklichung an, hier geht es um das Ausschöpfen unserer Potenziale und Ideen. Die Spitze der Hierarchie bildet die Transzendenz, also Spiritualität beziehungsweise das Bedürfnis, eins mit dem Universum zu sein.

Ob die Theorie Maslows immer und auf alle Menschen eins zu eins anwendbar ist, finde ich in diesem Zusammenhang nicht das Wichtigste. Vielmehr gibt sie uns eine gute Orientierung, indem sie nachvollziehbar zeigt, dass kindliche beziehungsweise menschliche Bedürfnisse nicht alle auf einer Ebene stehen, sondern gewichtet werden können. Auch dass man sich um die Basis der Bedürfnispyramide zuerst kümmern muss, wenn es um die Entwicklung von Kindern geht, ist eine relevante Schlussfolgerung aus dieser Theorie.

Das bringt uns direkt zu unserem Thema, den Konflikten. Denn Konflikte zwischen Eltern können schnell Angst auslösen (auch wenn wir das als Erwachsene nicht immer gleich vermuten oder nachvollziehen können, weil die Situation für uns gar nichts

Bedrohliches haben muss). Keine Angst zu empfinden, sich sicher zu fühlen, ist aber ein zentrales Segment am Boden der Bedürfnispyramide und damit ein Basisbedürfnis.

Dieses Sicherheitsgefühl beziehungsweise -bedürfnis sollte nicht durch Streit zwischen den Eltern erschüttert werden. Sollte dies dennoch passieren, gilt es, die Situationen mit den Kindern zu besprechen und aufzufangen. Wie das gelingen kann, werde ich weiter unten zeigen (»Bedürfnis- und Wunscherfüllung in der Fantasie«).

Besonders schwierig wird es, wenn Konflikte dauerhaft anhalten und Kinder nicht zur Ruhe kommen lassen. Denn wenn ein so wichtiges Grundbedürfnis wie Sicherheit nicht befriedigt ist, sind unsere Kinder nicht mehr gut dazu in der Lage, Freundschaften zu knüpfen und zu führen, können sich weniger auf die Schule konzentrieren und haben zumindest zu Hause keinen sicheren Ort.

Für uns Erwachsene ist das im Übrigen genauso. Haben wir Angst um unseren Arbeitsplatz und damit um die finanzielle Sicherheit der Familie, ist es schwierig, sich auf andere Dinge zu konzentrieren, die auf einer höheren Hierarchiestufe stehen. Es kann uns in solchen Situationen mitunter auch schwerfallen, uns auf unsere Kinder einzulassen. Daher ist es wichtig, dass auch unser eigenes Sicherheitsbedürfnis gestillt ist. Konflikte auf Paarbeziehungsweise Elternebene können es massiv erschüttern. Daher gilt für Kinder wie auch für Erwachsene: **Je dringender oder gefährdeter ein Grundbedürfnis ist, desto mehr sind wir emotional und kognitiv mit diesem befasst.**

Das Praktische an dieser Theorie ist, dass sie uns eine gute Orientierung gibt, worauf wir in der Erziehung, aber auch für uns als Eltern achten müssen und wie wir unsere Prioritäten setzen. Sie werden nachvollziehen können, dass wir unser Potenzial und unsere Ressourcen am besten für unsere Kinder abrufen können, wenn wir ausgeschlafen und satt sind, genug Zeit und einen freien

Kopf haben. Auch, dass unsere Kinder dann am kooperativsten sind, am besten mitmachen und sich am besten entfalten können, wenn sie selbst satt und ausgeschlafen sowie in einem sicheren beziehungsweise vertrauten Umfeld sind. Daher ist unser sorgsamer Umgang mit unseren Bedürfnissen und Ressourcen für alle Familienmitglieder wichtig.

Neben Maslow hat sich auch der deutsche Psychologe Klaus Grawe mit den menschlichen Bedürfnissen befasst. Er benennt folgende vier[3]:

- Bindungsbedürfnis
- Bedürfnis nach Orientierung und Kontrolle
- Bedürfnis nach Selbstwerterhöhung und Selbstwertschutz
- Bedürfnis nach Lustgewinn und Unlustvermeidung

Dieses Modell bezieht sich stärker auf die psychischen Bedürfnisse. Wie Sie sehen, kommen die körperlichen kaum vor. Daher stellt es eine gute Ergänzung zu dem Modell von Maslow dar. Es kann uns bei der Erziehung unserer Kinder behilflich sein, aber auch dabei, uns selbst und unsere*n Partner*in zu verstehen. Auf die **Bindungsbedürfnisse** gehe ich später noch sehr detailliert ein. Aber auch die anderen hier erwähnten Bedürfnisse sind zentral für uns:

Wir alle suchen **Orientierung** in unserem Leben. Daher brauchen unsere Kinder gerade in stürmischen und konfliktreichen Zeiten einen Kompass von uns als Eltern, wenn sie sich etwa fragen:

- Warum streiten Mama und Papa so viel?
- Werden sie sich trennen?
- Hört das wieder auf?
- Streiten sie meinetwegen?
- …

All diese Fragen verlangen altersgerechte Antworten, und es braucht oft viel Gefühl dafür, welche dieser Fragen unsere Kinder umtreiben, weil sie sie uns nicht direkt stellen.

Selbstwertschutz und -erhöhung ist ebenfalls eine unserer zentralen Motivationen. Wir alle schützen unseren Selbstwert, indem wir beispielsweise neue Erfahrungen meiden, die uns Kritik einbringen oder für die wir ausgelacht werden könnten. Auf Handlungen oder Aktivitäten, in denen wir uns sicher fühlen, lassen wir uns hingegen gern ein. Streiten wir als Eltern, springt auch dieses Bedürfnis in unseren Kindern an, gerade wenn sie sich selbst die Schuld für die Konflikte auf Paar- oder Elternebene zuschreiben oder für diese verantwortlich gemacht werden. Gerade auf kleine Kinder im frühen Grundschulalter gilt es hier, ein Auge zu haben. Sie befinden sich noch in der sogenannten »Egozentrischen Phase« und beziehen vieles auf sich selbst. Aber auch für ältere Kinder ist die Selbstwertbehauptung ein Thema, wenn sich ihre Eltern streiten. Denn viele von ihnen bekommen Sätze wie »Du bist wie deine Mama/dein Papa« oder andere Vergleiche mit ihren Eltern zu hören. Geht es in Konflikten oder rund um die Stresssituationen um Eigenschaften, die einem Elternteil und ihnen zugeschrieben werden, kann dies ihren Selbstwert angreifen. Die Folge ist, dass sie diesen schützen wollen und entweder den Elternteil, mit dem sie in dieser Situation identifiziert sind, verteidigen oder anfangen, die eigenen Teile, die an ihn erinnern, abzulehnen. Für diese Effekte braucht es noch nicht einmal zwingend Vergleiche, da Kinder meist sowieso mit beiden Eltern identifiziert sind.

Das Bedürfnis nach **Lustgewinn und Unlustvermeidung** spiegelt sich darin wider, dass Aufgaben, die wie kleine Herausforderungen wirken, bei Kindern den Spaß an der Erfüllung wecken. Streit und Konflikte von nahestehenden Erwachsenen sind als Herausforderungen allerdings meist zu groß und unübersichtlich für Kinder. Daher möchten sie solchen Situationen einfach nur entfliehen, vor allem, wenn sie sie nicht zum ersten Mal als unangenehm empfinden.

Worauf sollten Sie also gezielt achten?

- Achten Sie darauf, dass das Sicherheitsbedürfnis aller Familienmitglieder erfüllt ist.
- Richten Sie mit ihrem Kind zusammen möglichst viele sichere Orte ein, also reale, die grundsätzlich von Konflikten verschont bleiben sollten. (Beispielsweise indem Sie kritische Themen nur noch dann ansprechen, wenn Ihre Kinder nicht zu Hause sind oder Sie dafür spazieren oder in ein Café gehen.)
- Zudem ist das Gefühl, sicher zu sein, eine Voraussetzung dafür, dass unsere Kinder die Welt erkunden und so ihren Selbstwert entwickeln können. Ohne das Gefühl der Sicherheit fehlt auch oft die Lust, Neues zu entdecken oder sich in die Familie einzubringen, da Angst leider Gift für unser Lustempfinden ist.

Wie ist das bei Ihnen?

- Haben Sie in Ihrer Herkunftsfamilie gelernt, auf Ihre Bedürfnisse zu achten? Waren diese dort wichtig?
- Wessen Bedürfnisse standen in Ihrer Herkunftsfamilie an erster Stelle, wessen in Ihrer eigenen Familie?
- Wie ist Ihre persönliche Bedürfnishierarchie? Können Sie sich den hier vorgestellten Modellen anschließen?
- Auf welche Bedürfnisse Ihres Kindes können Sie leicht eingehen, wo fällt es Ihnen schwer? Wie ist das außerdem bei Ihren eigenen Bedürfnissen und denen Ihrer Partnerin oder Ihres Partners?

Bedürfnis- und Wunscherfüllung in der Fantasie

Den Begriff »Wunscherfüllung in der Fantasie« kenne ich von Prof. Dr. Sabine Walper[4], bei der ich studieren und lernen konnte. Worum geht es dabei? Ziel ist es, Ihrem Kind zu zeigen, dass Sie verstanden haben, welches Bedürfnis, welche Sehnsucht oder welchen Wunsch es hat. Natürlich müssen Sie dafür nicht jedes Bedürfnis oder jeden Wunsch Ihres Kindes sofort erfüllen. Um Ihr Kind zu beruhigen und um wieder in einen guten Kontakt mit ihm zu kommen, ist es jedoch sinnvoll, ihm zu zeigen, dass Sie verstanden haben, was es eigentlich will. Gleichzeitig dürfen Sie bei Ihrer inneren Haltung bleiben oder mit dem Kind zusammen bedauern, dass es nicht so geklappt hat, wie es sich das vorgestellt hatte, und dass nicht jeder Wunsch in Erfüllung gehen kann.

Beispiel: »Ich will nicht, dass ihr euch streitet!«
Nehmen wir an, bei Ihnen zu Hause gibt es des Öfteren Streit. Ihr Kind hat Ihnen schon diverse Male mitgeteilt, dass es den Streit zwischen Ihnen gar nicht mag. Das haben Sie sich zu Herzen genommen und es ein paar Wochen ganz gut hinbekommen, Ihre elterlichen Diskussionen von Ihrem Kind fernzuhalten. Heute jedoch ist der Austausch zwischen Ihnen als Eltern nicht gut gelaufen, und Sie treffen mit schlechter Laune auf Ihr Kind. Ihr Kind hat feine Antennen, bemerkt die schlechte Stimmung sofort und zieht sich in sein Zimmer zurück. Hier ein Beispieldialog, den sie führen können, wenn Sie sich zu Ihrem Kind setzen:

Kind: »Geh raus, ich will nicht, dass ihr euch streitet, und ihr habt es schon wieder getan!«

Elternteil: »Das stimmt leider, heute haben wir es nicht geschafft, auf einen guten Punkt zu kommen.«

Kind: reagiert nicht

Elternteil: »Du hättest dir gewünscht, dass wir nicht in die Streitfalle tappen und dass der Tag fröhlicher verlaufen wäre. So, wie wir das in letzter Zeit öfter geschafft haben.«

Kind: »Ja genau, Streiten ist blöd!«

Elternteil: »Das wäre so schön gewesen, wieder ein ganzes Wochenende ohne Streit, dafür aber mit fröhlichen Eltern zu haben.«

Kind: »Ja.«

Elternteil: »Und dann kommen wir nach Hause und haben schlechte Laune, und das findest du voll doof.«

Kind: »Ja.«

Elternteil: »Du hättest dir wahrscheinlich gewünscht, dass wir mit guter Laune heimkommen und zusammen ein Spiel spielen, wie letzte Woche.«

Kind: »Jaaa. Ich hab mich schon voll drauf gefreut, den Film mit euch anzuschauen, den ihr mir versprochen habt.«

Elternteil: »Oh stimmt, das hatten wir versprochen, und du hast dich schon so drauf gefreut?«

Kind: »Ja!«

Elternteil: »Und jetzt hast du zwei so Griesgrame zu Hause und nicht die gut gelaunten Eltern wie letzte Woche.«

Kind: »Ja, das ist voll blöd heute! Ich will fröhliche Eltern. Könnt ihr noch mal rausgehen und fröhlich zurückkommen, oder eine Zeitmaschine bauen und die Eltern von letzter Woche holen?«

Elternteil: »Eine Zeitmaschine wird schwer. Aber wir können versuchen, die schlechte Laune zum Fenster rauszuschicken und dann noch den Film anschauen.«

Kind: »Ja, macht das! Und wenn ihr noch mal so schlecht ge-
launt nach Hause kommt, dann lasse ich euch nicht mehr rein.
Oder ihr dürft keine Filme mehr mit mir anschauen.«
Elternteil: (lacht) »Okay, das wollen wir nicht! Darf ich dich
mal drücken?«

Für eine nicht allzu emotionale Situation wie diese ist die Bedürfniserfüllung in der Fantasie eine gute Methode. Der Elternteil hat dem Kind schnell das Gefühl gegeben, sein Bedürfnis nach Harmonie zu verstehen, und es auch benannt. Beim
Vorantasten ein »Ja« vom Kind zu bekommen, ist ein Zeichen
dafür, dass man auf einem guten Weg ist und sich aufeinander einschwingt. Dass das Bedürfnis gesehen und dass darauf
aktiv eingegangen wird, trägt zur Beruhigung der Situation
bei. Ebenso wichtig ist es für das Gelingen dieser Methode,
dass die Emotionen des Kindes (Ärger und Enttäuschung) einfach da sein dürfen, ohne bewertet zu werden. Bei stärkeren
Emotionen funktioniert die Methode nicht sofort. In solchen
Situationen lässt sie sich gut mit dem Emotionscoaching, das
ich Ihnen später noch vorstelle, verbinden.

Bindung – zu Recht in aller Munde

Die Art und Weise, wie wir als Eltern mit den eben beschriebenen
Bedürfnissen unserer Kinder umgehen, hat einen großen Einfluss
auf die Bindungen, die zwischen uns und unseren Kindern entstehen. Aber auch unsere Vergangenheit spielt eine Rolle: Wie
unsere Eltern mit unseren Bedürfnissen umgegangen sind, als wir
Kinder waren, findet sich oft in der Art und Weise wieder, wie wir

selbst später Bindungen und Beziehungen gestalten. Betrachten Sie den Inhalt dieses Kapitels daher gern von zwei Seiten. Einerseits natürlich aus Ihrer Elternperspektive, andererseits mit dem Fokus auf die Frage, wie Sie selbst groß geworden sind. Denn das hat Ihr heutiges Elternsein höchstwahrscheinlich beeinflusst. Bindung und bindungsbasierte Erziehung sind Themen, die gerade sehr viel besprochen werden und zu Recht in aller Munde sind, da entsprechendes Erziehungsverhalten unsere Kinder tatsächlich gut fördern kann. Gleichzeitig höre ich aber auch immer wieder von Kolleg*innen den Eindruck, dass Eltern durch diese öffentliche Diskussion verunsichert sind. Nicht immer ist ganz klar, was mit Bindung genau gemeint ist und worauf wir als Eltern unseren Fokus legen sollten. Aus diesem Grund werde ich zum Thema Bindung ein wenig ausholen.

Die sogenannte Bindungstheorie geht auf den englischen Psychiater John Bowlby zurück. Später wurde sie weiterentwickelt und durch Studien sehr gut belegt. Man geht heute davon aus, dass sich durch die Art und Weise, wie Eltern auf die Bedürfnisse ihrer Kinder eingehen, bestimmte Bindungsmuster bilden und dass nicht nur Kinder, sondern auch Erwachsene über zwei sehr bedeutende »Verhaltensprogramme« verfügen: das Bindungs- und das Explorationsverhalten (auch Neugierverhalten genannt). Diese stehen in Wechselwirkung miteinander – wir zeigen je nach Situation entweder das eine oder das andere. Karen Strohband[5] vergleicht sie mit einer Wippe: Ist ein Verhalten aktiv (oben), ist das andere deaktiviert (unten).

Das Bindungsverhalten ist immer dann aktiv, wenn wir uns unsicher fühlen, Angst haben, einen sicheren Hafen oder Schutz suchen. Diesen finden Kinder normalerweise bei ihren Eltern oder anderen vertrauten Erwachsenen. Fühlen sie sich sicher, können

Eine unsichere/Angst machende Situation: Das Bindungsverhalten ist aktiviert.

Eine sichere Situation: Das Explorationsverhalten ist aktiviert.

sie losziehen und die Welt entdecken, also explorieren. Sind sie etwa ganz in ihr Spiel vertieft, bekommen sie um sich herum kaum etwas mit, ist das Explorationsverhalten aktiviert. Werden sie aber dabei gestört, etwa weil sie einen fremden Erwachsenen bemerken, der ihnen nicht ganz geheuer ist, verlassen sie die Spielsituation oft schnell und suchen die Nähe zu einem Elternteil. Kommen Kinder (mithilfe ihres sicheren Hafens) zu der Einschätzung, dass keine Gefahr droht, spielen sie schnell weiter und wechseln zurück in den Explorationsmodus.

Auch bei uns Erwachsenen sind diese Verhaltensmuster aktiv. Beispielsweise wenn wir eine neue Stelle antreten und uns über nette Kolleg*innen freuen, die uns alles erklären und an denen wir uns orientieren können. Fühlen wir uns irgendwann gut eingearbeitet und vertraut mit den Regeln, werden wir uns weniger Rückversicherung einholen, sicherer werden und immer mehr neue Arbeitsfelder und -methoden ausprobieren.

Mary Ainsworth ist eine der Forscher*innen, die die Bindungstheorie entscheidend weiterentwickelt hat und durch Beobachtungsstudien verschiedene Bindungsmuster erkannte.

Die fremde Situation

Um die Aussagen der Bindungstheorie durch Beobachtungen empirisch belegen zu können, erdachte Mary Ainsworth die sogenannte »fremde Situation«: den standardisierten Ablauf einer Mutter-Kind-Situation, der es ermöglichte, die Verhaltensweisen von Kindern zu vergleichen. In der »fremden Situation« sind Mütter mit ihren einjährigen Kindern in einem fremden Zimmer, in dem auch Spielsachen liegen. Der Bindungstheorie zufolge sollten sich die Kinder im Beisein der Mutter sicher fühlen und explorieren, also sich beispielsweise mit den Spielsachen beschäftigen. Verlässt die Mutter aber diesen nicht vertrauten Raum, sollte dies die Kinder stressen und das Bindungsverhalten aktivieren. Mary Ainsworth und ihr Team konnten in dieser Situation vor allem drei Verhaltensweisen (Bindungsmuster) von Kindern erkennen: die sichere, die unsicher-vermeidende und die unsicher-ambivalente Bindung. Später wurde ein vierter Bindungstyp hinzugefügt, der desorganisiert genannt wird. Die Kinder, die »sicher« gebunden waren, verhielten sich den Vorhersagen der Bindungstheorie entsprechend. Sie explorierten und fühlten sich sicher, wenn die Mutter vor Ort war. Entfernte sie sich, zeigten sie »Bindungsverhalten« und weinten. Kamen die Mütter der sicher gebundenen Kinder zurück, ließen sich die Kinder von ihren Müttern trösten und gingen anschließend wieder ins Spiel über. Vermeidende Kinder verhielten sich anders. Sie schienen einfach weiterzuspielen und sehr souverän zu sein. Bei genaueren Untersuchungen stellte sich jedoch heraus, dass sie den höchsten Spiegel des Stresshormons Cortisol aller Kinder in der Untersuchung hatten. Die Kinder der dritten Gruppe zeigten sich ambivalent. Sie suchten einerseits die Nähe zu ihren Müttern, andererseits schienen sie wütend auf diese zu sein.

Desorganisiert gebundene Kinder hatten oft Gewalt, Missbrauch oder Vernachlässigung erlebt und waren in keines der Muster klar einzuordnen.

Die sichere Bindung stellte sich als das Muster heraus, das für die weitere Entwicklung der Kinder am förderlichsten ist. Natürlich war eine spannende Frage, wie es zu so unterschiedlichen Verhaltensweisen in der gleichen Situation kommt. Die Antwort darauf wurde im Verhalten der Mütter gefunden (damals war der Blick in der Forschung mit Kleinkindern noch ausschließlich auf die Mütter gerichtet), das Karen Strohband[6] wie folgt beschreibt: Die Mütter der sicher gebundenen Kinder waren feinfühlig und zeigten während des Explorierens angemessene Begleitung, indem sie feinfühlig auf ihre Kinder eingingen.

Feinfühligkeit zeigt sich in vier Schritten, die meist unbewusst ablaufen[7]:

1. Wahrnehmen
2. Interpretieren
3. Zeit bis zur Reaktion
4. Wie gut wird reagiert?

Es ist für uns Eltern also zuerst einmal wichtig, zu registrieren, dass unser Kind ein (Bindungs-)Signal sendet. Im zweiten Schritt müssen wir dieses Signal auch richtig interpretieren, und das ist ein kritischer Punkt. Wir sind nämlich verführt, unsere eigenen Bedürfnisse und Gedanken in die Interpretation miteinfließen zu lassen. Gerade wenn man sehr gestresst ist, ist es mitunter nicht leicht, ganz beim Kind zu sein und das eigene Sein und Fühlen hintanzustellen.

Stress führt übrigens auch dazu, dass weniger Signale vom Kind wahrgenommen werden. Oder dass man eher darauf wartet, dass der andere Elternteil zuerst reagiert. Und wenn wir auf Konflikt eingestellt sind, können auch unsere Interpretationen verzerrt werden. Je feindseliger wir dem anderen Elternteil gegenüber sind, desto größer wird die Gefahr hierfür.

Der dritte Punkt, also die Zeit, die vergeht, bis wir reagieren, sollte angemessen sein. Als Faustregel kann man hier festhalten: Je jünger ein Kind ist, desto schneller müssen wir reagieren.[8]

Im letzten Schritt geht es um die Qualität des elterlichen Verhaltens: Wie gut gehen wir auf die kindlichen Signale ein? Als Leitfrage können Sie sich daher merken: Würde mein Kind auf die Frage, ob ich es wahrgenommen, seine Signale richtig interpretiert und darauf prompt genug und qualitativ ansprechend gehandelt habe, mit Ja antworten? Oder fragen Sie sich einfach selbst, ob Ihnen Ihre eigene Reaktion gereicht hätte.

Manche Eltern spüren an dieser Stelle einen gewissen Druck und fragen sich, wie es denn gelingen soll, immer feinfühlig zu sein. Daher hier schon einmal die Antwort: »Good enough reicht!« Es kann für Kinder sogar gut und hilfreich sein, die Erfahrung zu machen, dass Eltern wieder anfangen, feinfühlig zu reagieren, wenn sie das einmal nicht getan haben. Das kann eine gute »reparierende« Erfahrung sein. Man kann den Kindern ab einem gewissen Alter auch erklären, warum man innerlich eine

Zeit lang »abwesend« war oder nicht so reagiert hat wie sonst. Mehr dazu im Abschnitt »Reparieren nach einem Streit«.

Nachdem ich Ihnen all dieses theoretische Hintergrundwissen zugemutet habe, möchte ich kurz auf die Gefahren eingehen, die Elternkonflikte für die Bindung unserer Kinder haben, nicht um Ihnen ein schlechtes Gewissen zu machen, sondern um Sie für diese Risiken zu sensibilisieren. Schließlich können wir Klippen nur umschiffen, wenn wir wissen, wo sie liegen. Merken Sie, dass Sie vielleicht in eine dieser »Fallen« getappt sind, seien Sie gnädig mit sich selbst. Sie sind bestimmt nicht der oder die Einzige, dem es so ergangen ist. **Aber Sie haben jetzt die Möglichkeit, die Dinge anders anzugehen.**

- Konflikte können uns weniger feinfühlig für die Bindungssignale unserer Kinder machen.
- Wenn wir die Bindungssignale unserer Kinder wahrnehmen, besteht immer noch ein Risiko, dass wir sie nicht so gut interpretieren, beispielsweise weil wir ein schlechtes Gewissen haben, dieses nicht zulassen wollen und die (Sicherheits-) Bedürfnisse unserer Kinder nicht in einen Zusammenhang mit unseren Konflikten bringen.
- Auch die Qualität unserer Reaktionen auf die Zeichen unserer Kinder kann durch unsere Konflikte abnehmen, weil wir beispielsweise gerade nicht die Nerven oder die innere Kapazität haben, uns intensiv mit den Bedürfnissen unserer Kinder auseinanderzusetzen.
- Machen unsere Konflikte unseren Kindern Angst, steht der »sichere Hafen«, den wir Eltern üblicherweise darstellen, infrage. Es entsteht für unsere Kinder also eine paradoxe Situation: Wie sollen sie sich Sicherheit bei denjenigen holen, die bei ihnen gerade Furcht erzeugen?

Wie im Zusammenhang mit unseren Bedürfnissen erwähnt, können wir unser ganzes Potenzial – auch beim Begleiten unserer Kinder – nur dann abrufen, wenn unsere eigenen Grundbedürfnisse erfüllt sind. Also achten Sie unbedingt auf sich selbst, sonst wird es schwierig, konstant feinfühlig zu sein.

Die »Bedürfniserfüllung in der Fantasie« ist eine gute Möglichkeit, um Ihre Feinfühligkeit zu »trainieren«. Durch die Antworten Ihres Kindes merken Sie, ob Sie seine Bedürfnisse erkennen. Alternativ können Sie sich in eines Ihrer Kinder hineinversetzen und überlegen, welches Feedback es Ihnen bezüglich Ihrer Feinfühligkeit im Moment geben würde. Was würden sich Ihre Kinder von Ihnen wünschen?

Für den Fall, dass Sie selbst bindungsorientiert erziehen, der andere Elternteil aber nicht, gibt es eine gute Nachricht: Bereits *ein* feinfühliger, bindungsorientierter Elternteil hat einen positiven Effekt auf die Entwicklung von Kindern.

Zentral ist, dass Ihr Kind zu beiden Elternteilen eine gute Bindung aufbauen kann. Falls Sie das mit Blick auf den anderen Elternteil aktuell nicht unterstützen können, fragen Sie sich: Woran liegt es? Gibt es beispielsweise berechtigte Sorgen um ihr Kind, oder hat es eher mit Ihnen und Ihrem Ärger auf den anderen Elternteil zu tun? Ist Letzteres der Fall versuchen Sie, zwischen ihren Konflikten und dem, was wichtig für ihr Kind ist, so gut wie möglich zu unterscheiden, auch wenn das nicht immer leicht ist.

Zu guter Letzt: Rufen Sie sich immer wieder in Erinnerung, dass unsere Bindungsmuster über unsere gesamte Lebensspanne veränderbar sind. Es lohnt sich also dranzubleiben.

Reparieren nach einem Streit

Mein Kollege Sebastian Reisinger verwendet den Begriff »Reparieren« immer dann in Beratungen, wenn Eltern etwas in ihren Kindern ausgelöst haben, das sie eigentlich gar nicht beabsichtigt haben. So könnten die Kinder zum Beispiel ein Streitgespräch mitbekommen haben, das sie verängstigt hat, weil es so laut ausgetragen wurde. Das passiert immer wieder, gerade auch weil Kinder manchmal mehr auf die Lautstärke und die Atmosphäre reagieren als auf den Inhalt einer Diskussion oder eines Streits. Es muss also noch nicht einmal besonders respektlos gestritten werden, manchmal reicht schon eine emotionale Diskussion, um Kinder zu verunsichern. Was können wir als Eltern in solchen Situationen tun?

- **Grundhaltung:** Ich will auf mein Kind eingehen, unsere Beziehung pflegen und ihm dabei helfen, zu verstehen, warum die Situation so war, wie sie war.
- **Orientierung/Kontext geben:** Damit meine ich, dass wir unseren Kindern dabei helfen sollten, eine Situation – in unserem Beispiel einen Streit – einordnen zu können. Worum ging es? Warum ist das Thema für Sie wichtig? Warum waren Sie emotional? Erklären Sie Ihrem Kind altersangemessen, worum es in dem Konflikt ging. Wichtig ist, dass Sie versuchen, den Spagat zwischen zu viel und zu wenig Information für Ihr Kind gut zu meistern. Eine Leitfrage hierfür ist: Was braucht Ihr Kind, um die Situation einschätzen zu können? Oft reichen schon einige wenige Sätze.
- **Entlasten:** Gerade jüngere Kinder fühlen sich oft verantwortlich für Streitigkeiten, in denen es um Erziehungsthemen geht. Daher entlasten Sie bei diesen, aber auch bei anderen Themen

Ihre Kinder. Mit Entlasten meine ich, dass Sie die Verantwortung für den Streit beziehungsweise das Streitthema zu sich nehmen. Beispiel: »Auch wenn wir gerade über die Unordnung in deinem Zimmer gesprochen haben, geht es dabei nicht um dich. Wir streiten, weil wir uns nicht einig sind, welche Regeln beim Aufräumen sinnvoll sind, beziehungsweise wie wir dir gut beibringen können, dein Zimmer aufzuräumen und Ordnung zu halten. Der Streit hat also nichts mit dir zu tun, sondern damit, dass wir uns als Eltern schwertun, eine Lösung zu finden.«

- Falls Sie ein Versprechen oder eine Regel gebrochen haben, beispielsweise die, dass Sie nicht mehr beim Abendessen streiten wollten, entschuldigen Sie sich dafür. Bedenken Sie, dass Ihre Kinder Sie irgendwann nicht mehr ernst nehmen werden, wenn Sie sich nicht an Ihre Versprechen und eigenen Regeln halten. Daher gilt: Versprechen Sie die Dinge, die Sie halten können, und stellen Sie nur Regeln auf, die auch Sie befolgen beziehungsweise für deren Einhaltung Sie sorgen wollen und können. Oder vereinbaren Sie mit Ihren Kindern, was Sie machen, wenn Sie sich nicht an die Abmachungen halten.

Sie können mit Ihren Kindern auch eine Wiedergutmachung vereinbaren. Beispielsweise indem Sie das Lieblingsessen Ihrer Kinder kochen und dann ohne Streit gemeinsam essen, (nach dem Regelbruch) etwas Schönes beziehungsweise Lustiges zusammen unternehmen oder sich einfach ganz fest umarmen.

Auch unsere eigene Bindung zählt!

Noch einmal zurück zum wichtigen Thema Bindung, denn es spielt nicht nur im Verhältnis zu unseren Kindern eine große Rolle. Die Bindungsmuster, die wir persönlich gelernt haben, beeinflussen auch unsere intimen Beziehungen als Erwachsene und Eltern. Der Unterschied zur Eltern-Kind-Beziehung liegt bei der Paar- und Elternbeziehung darin, dass diese – im Normalfall – ohne Machtgefälle stattfindet. Auch hier lohnt sich wieder ein Blick in die Forschung: Bierhoff und Roman[9] beschreiben vier Bindungsrepräsentationen für Erwachsene in Liebesbeziehungen. Die Labels, die sie für die jeweiligen Typen gewählt haben, klingen nicht gerade »sexy«, sondern sind eher trocken und theoretisch. Trotzdem finde ich einen Blick darauf spannend, da sie unsere Wahrnehmung dafür, was bei uns als Paar eigentlich los ist, erweitern können. Sie sind hilfreich, um darüber nachzudenken, wo wir selbst gerade stehen – und wo wir gerne hinwollen. Denn: Unsere Bindungsmuster sind veränderbar!

- **Sicher:** Menschen mit dieser Bindungsrepräsentation haben sowohl von sich selbst als auch von ihrem Partner oder ihrer Partnerin ein positives Bild.
- **Ängstlich-ambivalent:** Erwachsene mit diesem Bindungsstil haben eher einen negativen Blick auf sich selbst, den Partner oder die Partnerin hingegen sehen sie eher positiv. Menschen mit dieser Bindungsrepräsentation sind ihrem*r Partner*in emotional sehr verbunden, jedoch gleichzeitig immer auch unsicher, ob die Beziehung wirklich stabil ist, weil sie an sich selbst zweifeln.
- **Ängstlich-vermeidend:** Hat man sowohl von sich selbst als auch von seinem*r Partner*in eher ein schlechtes Bild, ist man

ängstlich vermeidend gebunden und versucht, intime oder nähere Beziehungen eher zu vermeiden.

- **Gleichgültig-vermeidend:** Erwachsene, die auf diese Weise gebunden sind, haben einen eher positiven Blick auf sich selbst, den Partner oder die Partnerin hingegen sehen sie eher negativ und lassen sich nicht immer tiefer auf die Beziehung ein.

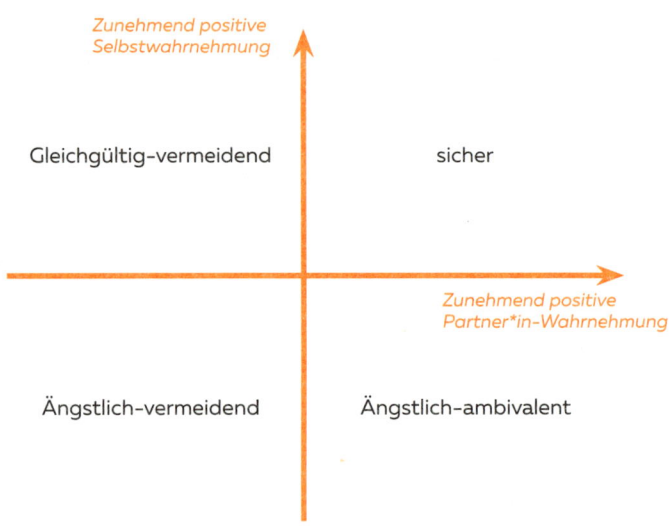

Treffen sich nun zwei Menschen und gehen eine Paarbeziehung ein, haben sie also auch immer ihre gegenwärtige Beziehungsrepräsentation beziehungsweise ihren Bindungsstil als »Mitbringsel« im Gepäck. Je nachdem welche zwei Bindungsverhalten aufeinandertreffen, ergeben sich unterschiedliche Paardynamiken. Zum Glück finden Beziehungen, in denen beide Partner*innen sicher gebunden sind, häufig statt. Aber auch Paare, in denen ein*e Partner*in ängstlich-vermeidend und die oder der andere ängstlich-ambivalent gebunden ist. Diese Konstellation kann einige Probleme mit sich bringen. Denn für den ängstlich-ambivalent gebundenen Elternteil bedeutet dies oft, dass seine Ängste vor einem Ende der Beziehung durch das Verhalten des anderen Elternteils, der gleichgültig-vermeidend gebunden ist, ständig aufs Neue getriggert werden. Das ist natürlich eine höchst stressige Lebenssituation. Der gleichgültig-vermeidende Teil der Beziehung hingegen bemerkt dieses Muster möglicherweise gar nicht. Im schlimmsten Falle kann es aber auch ausgenutzt werden. Dass in dieser Konstellation Konflikte und Unzufriedenheiten vorprogrammiert sind, liegt auf der Hand.

Zwei sicher gebundene Partner hingegen müssen ihre Beziehung zwar auch pflegen, können aber sehr gut miteinander durchs Leben gehen und haben eine solide Grundlage, um ihre Konflikte zu besprechen.

Unsere Bindungsrepräsentationen beeinflussen also ein Leben lang unsere Beziehungen und umgekehrt. Für uns als Eltern bedeutet das, dass unser eigener Bindungsstil und unser eigenes Bindungsverhalten einen großen Einfluss auf unsere Kinder haben. Das zeigt uns, wie wichtig es ist, dass wir uns mit unserer Biografie und unseren eigenen Erfahrungen auseinandersetzen.

Wie ist das bei Ihnen?

- Wie schätzen Sie Ihre eigene Bindungsgeschichte ein?
- Wie schätzen Sie die Bindungsgeschichte Ihres Partners oder Ihrer Partnerin ein?
- Falls Sie denken, dass es in Ihrer Biografie einen Wechsel von einer unsicheren zu einer sicheren Bindung gegeben hat, wie kam es zu diesem Wechsel? Welche Menschen und/oder Umstände

haben dazu beigetragen, dass Sie sich später sicher gebunden haben?

- Wie schätzen Sie den derzeitigen Bindungsstil von sich selbst und von Ihrem Partner/Ihrer Partnerin ein? Kann man aus der Kombination Ihrer Bindungsstile Rückschlüsse auf mögliche Konfliktpunkte ziehen?

Bei diesen Fragen gilt wie überall in diesem Buch: Beantworten Sie diese, wenn möglich, nicht nur für sich, sondern besprechen Sie sie gern auch mit Ihrem Partner oder Ihrer Partnerin. Sie können beispielsweise die Abbildung nutzen und versuchen, sich selbst in dem Koordinatensystem zu verorten. Wo stehen Sie? Sind Sie zufrieden mit Ihrer Selbsteinschätzung?

Sie können auch Ihre*n Partner*in oder Freund*innen fragen, wie diese Ihre Bindung einschätzen würden. Sollten Sie das Gefühl haben, dass Sie sich gerne weiter in Richtung »sicher« entwickeln würden, müssen Sie dies nicht allein schaffen, sondern können eine Beratungsstelle oder eine Psychotherapiepraxis anfragen und dort besprechen, wie Sie an diesem Ziel – alleine oder zu zweit – arbeiten können.

Wie auch immer Sie es angehen: Ich empfehle Ihnen, sich über Ihre eigenen Bindungserfahrungen austauschen. Das kann sehr spannend und bereichernd sein. Außerdem kann dieser Austausch uns helfen, mehr Verständnis füreinander (vor allem in Konfliktsituationen) aufzubringen.

Auf Gefühle eingehen

Eng verwandt mit dem Thema Bedürfnisse und Bindung ist der Umgang mit Emotionen. In unseren Familienbeziehungen erhoffen wir uns vor allem Freude, Zuneigung, Wertschätzung und Liebe. Doch können uns gerade die Menschen, die uns am nächsten sind, auch ärgern, enttäuschen und kränken. Daher sind unsere emotionalen Kompetenzen für das Gelingen unseres Familienlebens zentral. Ganz besonders in der Erziehung unserer Kinder. Die Liebe und Nähe zu unseren Kindern ist eine der schönsten Erfahrungen des Elternseins. Gleichzeitig können uns unsere Kinder auch massiv an unsere Grenzen bringen. Sei es durch Schlafmangel, weil uns die Rückzugsmöglichkeiten fehlen, wir keine Zeit für unsere Hobbys haben oder weil einfach alles zusammen zu viel ist, unsere Ressourcen aufgebraucht und unsere eigenen Bedürfnisse nicht gut versorgt sind. Daher ist es essenziell, dass wir gut für uns selbst sorgen.

Eine wichtige Aufgabe für uns als Eltern besteht darin, unseren Kindern einen Zugang zu ihren Emotionen zu ermöglichen, sie darin zu unterstützen, diese wahrzunehmen, sie zu formulieren und sie mit zunehmendem Alter auch (mehr und mehr) selbst zu regulieren. Mittlerweile würde ich durch die Erfahrung, die ich in meiner täglichen Arbeit in der Beratungsstelle mache, sagen, dass »emotional satte Kinder« mit einem guten Zugang zu ihren Emotionen eines der wesentlichen Erziehungsziele sind.

Was meine ich damit? Emotional satte Kinder sind für mich Kinder, deren (Bindungs-)Bedürfnisse »good enough« versorgt sind. Aber auch Kinder, die in einem empathischen Umfeld aufwachsen. Also einem Umfeld, das auf ihre Emotionen eingeht und diese widerspiegelt; in dem Erwachsene leben, die ihre Emotionen zeigen und benennen und Kindern damit Orientierung geben. Gerade bei den Kleinen kann man das sehr gut erkennen. Sie wissen es aus eigener Erfahrung – wir mögen Menschen, bei denen wir wissen, woran wir sind, und das wissen wir oft gerade dann, wenn wir ihre Gefühle und emotionalen Reaktionen einschätzen können und als authentisch empfinden.

Der Umgang mit Gefühlen ist also für beide Seiten, Eltern und Kinder, von großer Bedeutung. Ein guter Zugang zu den eigenen Gefühlen stellt auch einen sogenannten Resilienzfaktor dar. Aus der Resilienzforschung wissen wir: Neben mindestens einer guten, tragfähigen und vertrauensvollen Beziehung ist ein positiver Umgang mit den eigenen Gefühlen ein wichtiger Schutzfaktor. Daher ist es gut, wenn Sie Ihren Kindern ein gutes Vorbild sind, wie wir im Kapitel »Lernen am Modell« noch sehen werden.

Ein Schlüssel dazu liegt in der Selbstreflexion. Wie beschrieben, wird unser Umgang mit unseren Emotionen und Gefühlen stark durch unsere Biografie und unsere Herkunftsfamilie bestimmt. Darüber nachzudenken, was uns als Kind gutgetan hat und was wir vermisst haben, kann uns ein Kompass für unsere eigene Erziehung sein. Wie sind Ihre Eltern mit ihren eigenen Gefühlen und wie sind sie mit Ihren Gefühlen umgegangen, als Sie ein Kind waren? Viele haben (Glaubens-)Sätze wie diese zu hören bekommen:

- Beiß die Zähne zusammen.
- Bis du heiratest, ist alles wieder gut!
- Stell dich nicht so an!
- Du weinst ja wie ein Mädchen.
- Führ dich nicht so auf!
- Das wird schon wieder!
- …

Worte wie diese und die mit ihnen verbundenen Haltungen und Wertungen beeinflussen unseren Umgang mit Gefühlen sowie das, was John Gottman[10] »Meta-emotion« nennt. Mit diesem Begriff wird umschrieben, welche Gefühle unsere Emotionen in uns auslösen. Schäme ich mich beispielsweise dafür, dass ich wütend bin? Fühle ich mich schuldig, wenn ich mich freue, oder ärgere ich mich darüber, wenn mich etwas traurig macht?

Diese Fragen mögen zunächst etwas seltsam anmuten, sind aber sehr spannend. Sie erklären nämlich manchmal unser Verhalten und können verhindern, dass wir uns »kongruent« verhalten. Wenn ich mich nämlich für meine Trauer schäme, werde ich sie kaum zeigen, und es fällt mir bestimmt schwerer, meinen Kindern zu vermitteln, wie man gut traurig sein kann und warum es manchmal auch wichtig ist, traurig zu sein (unsere Trauer zeigt uns nämlich, was uns wichtig ist, was oder wen wir lieben).

Manchmal braucht es therapeutische Unterstützung, um Erlebnisse zu verarbeiten und/oder Zugang zu den eigenen Gefühlen und Bedürfnissen zu bekommen. In manchen Beratungssituationen mache ich aber auch die Erfahrung, dass schon aktives Zuhören völlig ausreichend ist. Das Feedback, wie gut es getan habe, dass einem einfach mal »nur« zugehört worden sei, bekomme ich immer wieder. Wobei »nur« die völlig falsche Bezeichnung ist. Denn hinter diesem »nur« verbirgt sich die Haltung, dem Gegenüber volle Aufmerksamkeit zu schenken und erst mal nichts lösen zu wollen oder zu müssen – stattdessen einfach mit offenen Ohren präsent zu sein. So fühlt sich das Gegenüber ernst- und angenommen.

Mit Blick auf Bindung kann man aktives, aufmerksames und mitfühlendes Zuhören auch als feinfühliges Verhalten ansehen, das unsere Bindungen und Beziehungen stärkt. Außerdem gibt es nicht selten den sehr erwünschten Nebeneffekt, dass die erzählende Person so selbst eine Lösung findet. Dies stärkt wiederum die Selbstwirksamkeit und den Selbstwert, weitere Resilienzfaktoren und wichtige Bedürfnisse.

Ein Motto, das mir aus dem Elternkurs »Familienteam – das Miteinander stärken« von Johanna Graf zum Thema Gefühle in Erinnerung geblieben ist, lautet: **Alle Gefühle sind in Ordnung – aber nicht jedes Verhalten.** Diesen Gedanken finde ich zentral, um Kindern zu helfen, einen guten Umgang mit ihren eigenen Gefühlen zu ermöglichen. Aber auch für uns als Eltern, wenn wir uns streiten.

Alle Gefühle haben ihren Sinn und können für uns hilfreich sein. Jeder, der einmal einen steilen Berg mit dem Fahrrad hinaufgefahren ist, weiß, dass die Wut, die man möglicherweise dabei entwickelt, auf den letzten Metern sehr hilfreich sein kann. Gleichzeitig ist es natürlich nicht okay, wenn ein Kind oder auch ein Erwachsener während eines Wutanfalls Teller oder andere Gegenstände zerstört, anderen Angst macht oder sie (emotional) verletzt.

Wie ist das bei Ihnen?

- Haben Sie einen guten Zugang zu Ihren Gefühlen?
- Welche Glaubenssätze haben Sie zu (welchen) Gefühlen?
- Welche Gefühle mögen Sie, welche nicht?
- Welche eigenen Gefühle lösen die Gefühle Ihres Kindes, Ihrer Partnerin oder Ihres Partners bei Ihnen aus? Bekommen Sie Angst, wenn Ihr*e Partner*in wütend wird? Macht es Sie wütend, wenn Ihr Kind weint?
- Wie reagieren Sie, wenn sich Ihr Kind aufgrund Ihrer Streitigkeiten schlecht fühlt? (Beispiele: innerer Widerstand, Schuldgefühle, Wut auf den Partner oder die Partnerin)

- Wie gehen Sie im Normalfall auf die Gefühle Ihres*r Partner*in und Ihres Kindes ein?

Es ist gar nicht so einfach, Gefühle nicht zu bewerten. Versuchen Sie trotzdem, möglichst wertfrei mit den Gefühlen Ihrer Kinder umzugehen und ihnen mitzuteilen, welches Verhalten bei welchen Gefühlen erwünscht ist und welches nicht.

Schwierig für uns als Eltern wird es, wenn unser Kind negative Gefühle aufgrund unseres Verhaltens hat. Dies wollen wir meist nicht so gern wahrhaben und reagieren mit innerem Widerstand. Das ist erst mal natürlich und menschlich, weil dieses Verhalten unseren Selbstwert schützt. Mit Blick auf unsere Kinder ist es jedoch wichtig, ehrlich mit uns selbst zu sein, auch wenn sich das erst einmal unangenehm anfühlt.

Halten wir fest: Unsere Emotionen sind es, die bewirken, dass wir uns lebendig fühlen. Sowohl die die guten wie auch die als schwierig bewerteten Gefühle. Wie lernt man aber einen guten Umgang mit Gefühlen? Wie kann es uns als Eltern gelingen, unsere Kinder bei diesen wichtigen Entwicklungsaufgaben zu unterstützen? Eine Methode, mit der Sie positiv auf die Gefühle Ihrer Kinder eingehen und damit auch Ihre emotionale Kompetenz und Ihre Resilienz stärken können, möchte ich Ihnen hier vorstellen: das Emotionscoaching.

Das Emotionscoaching

Wollen wir unseren Kindern helfen, einen guten Zugang zu ihren Gefühlen zu entwickeln, ist das Emotionscoaching ein ausgezeichnetes Tool. Außerdem lässt sich das Emotionscoaching wunderbar mit der Wunsch- oder Bedürfniserfüllung in der Fantasie verbinden. Daher stelle ich Ihnen eine Variante vor, in der diese Kombination vorkommt. Möglicherweise erscheint diese Art, mit Gefühlen umzugehen, Ihnen und auch Ihren Kindern etwas seltsam. Das macht nichts. Je häufiger Sie sie ausprobieren und sich die innere Haltung und das Vorgehen zu eigen machen, umso besser klappt es. Das Emotionscoaching ist nicht nur für Kinder geeignet. Wir können damit auch uns selbst und andere coachen, etwa unsere*n Partner*in oder Freund*innen.

Wie jede Methode funktioniert das Emotionscoaching nicht ohne die entsprechende innere Haltung oder Einstellung. Diese kann mit folgenden Sätzen beschrieben werden:

- »Ich will dich verstehen!«
- »Ich bin für dich da, halte mit dir deine Gefühle aus und begleite dich, bis es dir besser geht!«
- »Ich will dir helfen, dich selbst und deine Gefühle besser zu verstehen.«
- »Ich glaube und vertraue dir, dass du selbst gute Lösungen für die Situation finden kannst, und helfe dir dabei, ohne es besser zu wissen.«

Wie wirkt das Emotionscoaching?

- Kinder lernen sich und ihre Emotionen besser kennen.
- Kinder entwickeln Selbstwirksamkeit und Selbstwert.
- Die Eltern-Kind-Beziehung wird gestärkt.
- Die Kinder entwickeln emotionale Kompetenzen.
- Wenn Kinder sich in ihren Gefühlen und Bedürfnissen gesehen, verstanden und ernst genommen fühlen, können sie diese besser regulieren und können so auch schneller wieder zuhören, Trost annehmen und Lösungen suchen.

- Beschreiben Sie, was Sie an Ihrem Kind wahrnehmen (»Ich sehe ...«, »Ich höre ...«, »Ich fühle ...«).
- Ziehen Sie Schlussfolgerungen aus den Beobachtungen und fragen Sie Ihr Kind, ob diese zutreffen. Schlagen Sie beispielsweise Gefühle vor (»Ich könnte mir vorstellen, du bist ...«).
- Versuchen Sie, Gefühle zu differenzieren. (»Vielleicht bist du auch ein bisschen ... und ein bisschen ...«).
- Erst wenn die Gefühle abgeklungen sind, ist Ihr Kind wieder bereit, Ihnen zuzuhören und Lösungen zu finden. Helfen Sie ihm dabei. Ein paar Fragen, die unterstützen können:
  - »Was brauchst du, damit es dir besser geht?«
  - »Was würde dir helfen?«
  - »Wie können wir das denn lösen?«
  - »Hast du noch andere Ideen?«
- Wenn Sie Bedenken bei einer Idee haben (manchmal sind diese am Anfang noch ein wenig emotionsgefärbt und nicht ganz realistisch beziehungsweise konstruktiv), machen Sie einen Realitätscheck:
  - »Was würde passieren, wenn wir deine Lösungsidee umsetzen?«
  - »Was wäre das Schlimmste, das passieren könnte, wenn du deine Idee umsetzt?«
  - »Sollen wir noch andere Lösungen suchen?«
  - »Welche deiner Lösungen willst du nutzen?«

Beispiel: Emotionscoaching
Sie und Ihr*e Partner*in hatten eine lautstarke Diskussion über den Haushalt, vor allem über das Spielzeug, das überall

herumliegt. Ihr Kind bekommt das mit und rennt weinend in sein Zimmer. Sie als Eltern fanden die Situation vielleicht gar nicht so schlimm. Dennoch sind Sie in eine emotionale Diskussion geraten und unterbrechen diese, als sie merken, wie es Ihrem Kind geht. Einer von ihnen geht dem Kind hinterher und spricht mit ihm.

Elternteil: »*Ich habe gesehen, wie du weinend aus dem Zimmer gelaufen bist, und sehe, dass du jetzt immer noch weinend auf deinem Bett liegst. Wir haben befürchtet, dass das an unserem Gespräch lag.*«
Kind: schweigt
Elternteil: »*Du magst ja gar nicht mit mir sprechen und schaust mich auch gar nicht an. Ich fürchte, die Situation war ganz schlimm für dich.*«
Kind: (leise) »*Ja.*«
Elternteil: »*Ja?*«
Kind: »*Ja.*«
Elternteil: »*Und weil du jetzt weinst, vermute ich, dass du traurig bist. Stimmt das?*«
Kind: (leise) »*Ja.*«
Elternteil: »*Was hat dich denn traurig gemacht?*«
Kind: »*Dass ihr gestritten habt.*«
Elternteil: »*Dass wir gestritten haben.*«
Kind: »*Ja, und das nur wegen mir.*«
Elternteil: »*Nur wegen dir? Wieso das denn?*«
Kind: »*Wegen meiner Unordnung.*«
Elternteil: »*Ach, jetzt verstehe ich. Du denkst, wir haben wegen deines Kinderzimmers gestritten, weil es nicht aufgeräumt ist?*«
Kind: (verzweifelt) »*Ja.*«

Elternteil: »Oh, dann verstehe ich, warum du dir das so zu Herzen genommen hast. Aber weißt du, wir haben gar nicht wegen dir gestritten. Auch wenn wir öfter deinen Namen gesagt haben.«

Kind: »Doch. Es ging doch um mein Kinderzimmer.«

Elternteil: »Ja, das stimmt. Aber nicht um dich, sondern darum, dass wir beide unterschiedliche Regeln zum Aufräumen gut finden. Das hat gar nichts mit dir zu tun, sondern wir Eltern müssen uns da endlich mal einigen.«

Kind: »Dann bin ich nicht schuld?«

Elternteil: »Nein, bestimmt nicht.«

Kind: »Puh.« (umarmt Vater oder Mutter)

Elternteil: »Wie können wir das denn beim nächsten Mal besser machen?«

Kind: »Einigt euch einfach!«

Elternteil: »Das wäre das Einfachste: Wir beide sind uns einfach immer einig, und es gibt keinen Streit mehr.«

Kind: »Jaaaa.«

Elternteil: »Das würde mir auch gefallen, aber ob wir das wirklich immer hinkriegen?«

Kind: »Glaub ich nicht.«

Elternteil: »Du kennst uns schon.«

Kind: »Ja. Aber es muss ja nicht so laut sein, und ihr könnt auch gleich sagen, worum es geht.«

Elternteil: »Okay, weniger laut und schon vorher sagen, um was es geht, das wäre dir wichtig.«

Kind: »Ja.«

Elternteil: »Und glaubst du, dass wir das hinkriegen? Oder würdest du das immer schaffen?«

Kind: »Nein. Vielleicht muss ich mir noch was anders überlegen.«

Pause.

Kind: »Wenn es mir zu laut wird, kann ich euch ja das Time-out-Zeichen zeigen, wie das unsere Lehrerin immer macht, und ihr müsst dann aufhören.«

Elternteil: »Das finde ich eine gute Idee. Und wir beide dürfen das auch anwenden?«

Kind: »Ja.«

Elternteil: »Gute Lösung! Komm, die besprechen wir jetzt alle zusammen.«

Dieses Beispiel ist natürlich ein wenig verkürzt und plakativ. Aber ich hoffe, es verdeutlicht, worauf die Methode und die innere Haltung abzielen. Beim Kind sein, seine Gefühle aushalten, mitgehen, sich gemeinsam beruhigen und nach Lösungen/Ideen suchen. Wobei es schwierig werden kann, Emotionen auszuhalten, wenn wir selbst das Gefühl haben, die innere Aufruhr unseres Kindes verursacht zu haben. Das kann in uns einen Selbstschutz oder einen Widerstand im Sinne von »So schlimm war das jetzt auch wieder nicht!« hervorrufen. Versuchen Sie, die Emotionen Ihres Kindes so zu nehmen, wie sie kommen. Sonst streiten Sie am Ende darüber, wie schlimm etwas ist, anstatt Ihr Kind zu begleiten. Schlussendlich ist es mit Gefühlen wie mit Geschmäckern. Sie sind subjektiv, verschieden und deswegen nicht verhandelbar.

Stresssymptome bei Kindern erkennen

Streitigkeiten zwischen uns Eltern lösen meist Stress in uns und unseren Kindern aus, und das bereits ganz früh. Schon Babys und Kleinkinder reagieren mit der Ausschüttung von Stresshormonen auf Konflikte ihrer Eltern und beginnen, unterschiedliche Bewältigungsstrategien für diesen Stress zu entwickeln.

Können Kinder ihre Gefühle gut gegenüber ihren Eltern benennen und formulieren, welche Unterstützung sie brauchen, können sie ihren Stress (gemeinsam mit anderen) besser regulieren. Wir kennen das aus dem Alltag: Sagen unsere Kinder, dass sie beispielsweise Angst haben, ist es viel leichter für uns als Eltern, schnell und adäquat zu reagieren.

Dass Kinder manchmal gestresst sind, ist völlig normal und auch nicht schlimm – ganz ohne Stress lernt man auch keine guten Strategien zur Stressbewältigung, sogenannte Copingstrategien. Konstruktive Copingstrategien für Stresssituationen zu erlernen, ist für uns als Eltern und unsere Kinder wichtig, um dauerhaft psychisch gesund zu bleiben, belastbar zu sein und unsere Potenziale und Talente entfalten zu können. Die Strategien unterscheiden sich manchmal je nach Altersstufe. Oft tut uns Erwachsenen aber auch das gut, was unseren Kindern hilft:

- Sport
- Miteinander reden
- Kuscheln
- Musik oder Hörspiele hören
- Puzzeln
- Malen
- Tanzen
- Spielen

- Traumreisen
- (Tag-)träumen
- Löcher in die Luft schauen
- In der Natur sein

Um diese Strategien gut anwenden zu können, ist es für Kinder wie für Erwachsene wichtig, zuallererst wahrzunehmen, wann man gestresst ist. Um das herauszufinden, können Sie folgende Fragen für sich durchgehen und auch Ihre*n Partner*in und Ihre Kinder fragen:

- **Wo spüre ich den Stress in meinem Körper?**
  – Werde ich hibbelig in den Beinen?
  – Bekomme ich ein komisches Gefühl im Bauch?
  – Zucken meine Augenlider?
  – Anderswo?
- **Was mache ich?**
  – Beine wippen
  – An den Haaren herumspielen
  – Fingernägel kauen
  – Zähne knirschen
  – Etwas anderes?
- **Was würde mir guttun?**
  – Sport
  – Bewegung
  – Aus der Situation gehen
  – Laut Stopp rufen
  – Etwas anderes?

Wenn Sie Ihre Kinder darin unterstützen wollen, dass sie ihre »Stresssymptome« bewusst spüren, können Sie diese gern benennen – hier ein Beispiel: »*Levi, du kaust auf deinen Fingernägeln herum, kann es sein, dass du nervös bist?*« Die Frageform hilft unseren Kindern dabei, in einen Suchlauf zu gehen und selbst zu prüfen, was denn in ihnen gerade vorgeht. Und genau das soll passieren: dass sie selbst anfangen, in sich hineinzuspüren und Worte für das zu finden, was sie wahrnehmen. Das ist viel wertvoller als eine vorgefertigte Antwort.

Die Herausforderung ist dabei, wirklich herauszufinden, was in unseren Kindern vorgeht. Denn nicht selten haben wir Eltern Hypothesen parat oder glauben schon zu wissen, warum unsere Kinder beispielsweise nervös an den Nägeln kauen. Gerade wenn es zu Hause öfters kracht, haben Eltern meist ein schlechtes Gewissen und gehen mehr von sich und ihrem Schuldgefühl aus, als wirklich zuzuhören, was das Kind stresst. Wieder andere geben sich mit oberflächlichen Antworten ihrer Kinder zufrieden und sind froh, wenn die eigenen Konflikte nicht als Grund für den Stress genannt werden. Es braucht also Fingerspitzengefühl und Feinfühligkeit, um die Situation gut zu erfassen.

Natürlich ist es das Beste, Stress zu reduzieren oder gar nicht erst aufkommen zu lassen. Falls dies schwierig ist, können Sie Ihren Kindern dabei helfen, mit diesem Stress möglichst gut umzugehen. Ein Beispiel hierfür sind die bereits erwähnten sicheren Orte. Sie können aber auch auf andere Methoden gegen Stress zurückgreifen: Traumreisen, progressive Muskelentspannung, Training, Sport, austoben, ins Kissen schreien oder Ähnliches. Das kann Stresseffekte kurzzeitig abpuffern, ersetzt aber auf keinen Fall das langfristige Ziel, den Stress für Kinder (und natürlich Sie selbst) dauerhaft zu reduzieren.

Wenn Sie Ihren Kindern Orientierung geben und ihnen altersgerecht erklären, warum gerade eine turbulente Zeit ist, wie es weitergeht oder was Sie tun, damit es wieder ruhiger

wird, kann dies ebenfalls dazu beitragen, dass sich der Stress für Ihre Kinder reduziert. Wichtig dabei ist, nur zu sagen, was man wirklich weiß. Wenn Dinge unsicher sind und Kinder danach fragen, antworten Sie lieber ehrlich und heben Sie hervor, was trotz aller Unwägbarkeiten konstant ist und bleibt.

Schwierig wird es, wenn der Stress chronisch wird. Das kann passieren, wenn Konflikte zu Dauerbrennern werden und Kinder, aber auch Erwachsene, in einer Atmosphäre leben, in der jederzeit ein heftiger Streit ausbrechen kann. In der Beratung wird oft beschrieben, dass es sich so anfühle, als ob permanent Spannung in der Luft liege, Gewitterstimmung herrsche und jederzeit irgendwo ein Unwetter losbrechen könne.

Leider sind bei dieser Art des Spannungsabbaus die Kinder nicht geschützt. Sollten Sie beim Lesen das Gefühl haben, dass in Ihrer Familie eine solche Stimmung herrscht, ist das wahrscheinlich erst einmal schmerzhaft. Aber so unangenehm es auch sein mag, liegt genau in diesem Moment der Schlüssel zur Veränderung.

Der erste Schritt ist immer, die Situation anzunehmen, hinzuschauen und ehrlich mit sich zu sein. Das tut erst einmal weh. Im zweiten Schritt können wir uns um Veränderungen kümmern. Vor allem für unsere Kinder, aber auch für alle anderen Familienmitglieder ist das Bedürfnis nach Sicherheit und die Frage, wie dieses erfüllt werden kann, zentral. **Denn ohne nachhaltige Sicherheit hört der Stress nicht auf und auch die beste Copingstrategie hilft nicht mehr.** Es braucht also mindestens einen »Waffenstillstand«. Am besten aber die Erfahrung, dass die Spannungen nachhaltig beseitigt sind.

Was lernen unsere Kinder, wenn wir streiten?

Nachdem ich nun viel über Bedürfnisse, Bindung, Emotionen und Stress geschrieben habe, geht es im Folgenden nicht mehr so sehr ums Fühlen und Spüren, sondern ums Lernen. Denn unsere Kinder lernen sehr viel von uns, wenn wir streiten.

Schlechte Verstärker erkennen und abstellen

Das klassische Konditionieren kennen Sie vielleicht aus der Erziehung von Hunden (aus der Forschung bekannt ist das Experiment mit dem pawlowschen Hund). Diese werden im Training so lange belohnt, bis Sie auf ein Kommando hören. Wurde das Kommando oft genug mit einem Verstärker (einem Leckerli) wiederholt, funktioniert es irgendwann auch ohne diesen. Das Konditionieren geschieht auch bei uns Menschen. Vielleicht kennen Sie die sogenannten Verstärkerpläne: Will man beispielsweise, dass ein Kind lernt, den Tisch abzuräumen, wird immer dann ein Stempel vergeben, sobald das Kind das gewünschte Verhalten zeigt. Ist eine gewisse Anzahl von Stempeln erreicht, bekommt das Kind eine Belohnung (etwa eine gemeinsame Unternehmung).

Worauf ich hinauswill, ist, dass wir auch im Kontext von Elternkonflikten bewusst oder unbewusst unsere Kinder für bestimmtes Verhalten belohnen und dieses Verhalten somit fördern. Ein paar Beispiele:

- Ein Elternteil dankt seinem Kind immer dafür, dass es sich nach oder während eines Streits besonders vernünftig verhält.
- Ein Elternteil gibt seinem Kind zu verstehen, wie sehr es schätzt, wenn es ihn nach einem Streit tröstet, zum Lachen bringt oder ablenkt.

- Elternteile fördern Verhaltensweisen ihrer Kinder, die dazu beitragen, dass ein Streit zwischen Ihnen als Eltern erst gar nicht entsteht oder nicht eskaliert.
- Kinder lernen von sich aus, dass ihre Eltern gar nicht erst streiten, wenn sie ein bestimmtes Verhalten zeigen, beispielsweise indem sie immer Aufmerksamkeit fordern, ständig Aktionen mit einem Elternteil alleine machen wollen etc.

Das Verhalten der Eltern in diesen Beispielen ist vielleicht nachvollziehbar, allerdings loben sie ihre Kinder für ein Verhalten, dass ihnen als Eltern hilfreich ist, nicht aber den Bedürfnissen ihrer Kinder dient. Durch zahlreiche Wiederholungen kann dieses Verhalten fest verankert werden, und die Kinder verinnerlichen, dass sie Anerkennung dafür bekommen, vernünftig zu sein oder sich selbst hintanzustellen – anstatt dafür wertgeschätzt zu werden, dass sie gut auf sich selbst achten.

Haben Kinder dieses Verhalten erst einmal gelernt, ist die Wahrscheinlichkeit hoch, dass sie diese Verhaltensstrategie auch in anderen Kontexten, also bei Freund*innen oder später in ihren eigenen Beziehungen, anwenden. Doch solche Verhaltensmuster bergen erhebliche Risiken, beispielsweise die, eine Depression zu entwickeln oder in Freundschaften zu geraten, in denen man ausgenutzt wird. Daher ist es wichtig, dass wir bewusst mit unseren verstärkenden Maßnahmen umgehen, zum Beispiel mit Lob. **Denn setzen wir unser Lob gezielt ein, können wir das Verhalten unserer Kinder fördern und unterstützen.** Worauf können Sie also achten?

- Überlegen Sie, in welchen Situationen Sie Ihr Kind für ein Verhalten loben, das ihm gar nicht dient. Sie können auch überlegen, wer geeignet ist, Sie diesbezüglich zu warnen oder Ihnen Feedback zu geben.

- Loben Sie Ihre Kinder für Verhalten, das ihre Entwicklung stärkt, beispielsweise indem Sie sie dafür loben, dass sie für sich selbst und ihre Bedürfnisse eintreten. Nutzen Sie die Methode »beschreibendes Lob«, die ich Ihnen gleich vorstellen werde.

Da nicht nur Kinder auf diese Art und Weise lernen, sondern auch wir Erwachsene, können wir sie uns zunutze machen. Zum Beispiel indem wir uns selbst loben und/oder Verstärkersysteme nutzen, die uns dabei helfen, unsere Ziele zu erreichen. Wir können aber auch unsere*n Partner*in positiv bestärken, wenn ein Konflikt konstruktiv verlief. Oft reichen kleine Aufmerksamkeiten, ein Lächeln, ein Danke, eine liebevolle Berührung. So ungewohnt das zunächst sein mag: Es wirkt.

Das beschreibende Lob

Das beschreibende Lob ist eine sehr schöne und sehr einfache Methode. Der Unterschied zum »herkömmlichen« Lob besteht vor allem im Benennen. Konzentrieren Sie sich voll und ganz auf das Positive, das Sie hervorheben möchten. Es sollte den Fokus auf den Prozess und die Anstrengung lenken und nicht auf das Ergebnis. So erhält man die Motivation des anderen aufrecht. Ein weiterer großer Vorteil ist, dass man ein beschreibendes Lob nicht einfach abtun kann nach dem Motto »das sagst du nur so«. Denn die Dinge, das Verhalten oder auch der Prozess, der beispielsweise Freude in uns ausgelöst hat, ist ja ausführlich beschrieben worden.

Probieren Sie es selbst, indem Sie sich eines der folgenden Beispiele aussuchen und sich in den Gelobten hineinversetzen. Schaffen Sie es, das Lob abzutun?

Das Vorgehen

1. Klare Entscheidung, ausschließlich loben zu wollen.
2. Verhalten/Anstrengung/Prozess beschreiben und dabei möglichst viele konkrete Beispiele benennen.
3. Gefühle beziehungsweise die Wirkung eines Verhaltens in Ihnen beschreiben (beispielsweise Freude, Stolz, Rührung ...).
4. Anerkennung formulieren.

Beispiel: Lob auf Eltern-Kind-Ebene
»Danke, du gerade eben so deutlich das Time-out-Zeichen gemacht hast, als wir am Tisch saßen und ich mit Mama/Papa fast über das schwierige Thema Aufgabenverteilung gesprochen hätte. Da hast du gut für dich gesorgt und uns daran erinnert, dass wir ja ausgemacht hatten, nicht mehr darüber zu sprechen, wenn du dabei bist. Da warst du gerade aufmerksamer als wir. Ich freue mich richtig, wie gut das geklappt hat, und bin auch stolz darauf, dass du uns so klar sagst, wenn's dir reicht.«

Beispiel: Lob auf Paarebene
»Ich weiß sehr gut, wie sehr es dich ärgert, wenn ich, anstatt zum Esstisch zu kommen, wenn du mich rufst, einfach weiter telefoniere, wie gerade eben. Da habe ich gesehen, dass du deinen Ärger runtergeschluckt hast, damit unsere Zeit als Familie nicht mit einem Streit beginnt und die Kinder wieder mitbekommen, wie wir uns gegenseitig Vorwürfe machen. Das hat mich sehr gefreut, ich war echt erleichtert, dass das so gelaufen ist. Danke dir!«

Vorbild sein

Wir Menschen lernen nicht nur durch das Konditionieren, sondern auch durch Beobachtungen. Für diese Lernform hat Bandura[11] eine recht bekannte Versuchsreihe entwickelt. In dieser ließ er Kinder beispielsweise Trickfilme anschauen und überprüfte danach, wie sie auf eine aufblasbare Puppe reagieren würden. Es zeigte sich, dass Kinder die Puppe eher anstießen, schlugen oder schubsten, wenn sie zuvor ein ähnliches Verhalten in den gezeigten Filmen beobachtet hatten. Interessant ist vor allem, dass das durch Beobachten erlernte Verhalten auch lange Zeit nach der beobachteten Situation noch abgerufen werden kann. Folglich ist also sowohl sozial erwünschtes als auch sozial unerwünschtes Verhalten auf diese Weise erlernbar.

Das gilt auch für Konflikte und den Umgang mit ihnen. Denn als Eltern sind Sie natürlich Vorbild für Ihre Kinder, und daher werden Ihre Kinder sich wahrscheinlich mindestens Teile Ihres Konfliktverhaltens »abschauen«. Natürlich kann keiner von uns rund um die Uhr das perfekte Vorbild sein. Dennoch ist es wichtig, dass wir versuchen, die Werte, die uns wichtig sind, »good enough« vorzuleben. Es ist auch hier nicht schlimm, wenn wir uns nicht immer perfekt verhalten. Denn unsere Kinder brauchen ja auch Vorbilder, die ihnen zeigen, wie man konstruktiv mit Fehlern umgehen kann. **Daher zählt vor allem, dass wir immer wieder »reparieren« und unsere Kinder mitbekommen, wie wir uns versöhnen, entschuldigen oder eine Wiedergutmachung leisten, also in irgendeiner Form Verantwortung übernehmen und für unsere Handlungen geradestehen.** Daher lohnt es sich, sich mit den folgenden Fragen auseinanderzusetzen:

- Wie gehen wir als Paar miteinander um?
- Wenn ich einen Streit von uns auf Video sehen würde, was würde ich über das Streiten lernen?
- Geht es mir im Streit darum, mich durchzusetzen/zu gewinnen, oder geht es mir darum, eine Lösung, die für alle gut ist, zu finden?
- Welches Verhalten wünsche ich mir von meinen Kindern, wenn sie Konflikte haben?
- Wie verhalte ich mich, wenn ich wütend, enttäuscht, traurig bin?
- Wie finde ich/wie finden wir Lösungen im Streit?
- Wie gehen wir nach einem Streit miteinander um?
- Wie versöhnen wir uns?

Sollte uns konstruktives Verhalten in puncto Streiten eine Zeit lang nicht gut gelungen sein, ist es wichtig, diesem ungünstigen Verhalten andere konstruktive Erfahrungen entgegenzusetzen.

Wie ist das bei Ihnen?

- Welches Vorbild wären Sie gern für Ihre Kinder?
- Was gelingt Ihnen bereits gut?
- Wo möchten Sie einen Schritt weiterkommen?
- Welche Menschen findet Ihr Kind als Modell interessant?
- In welchem Verhalten Ihres Kindes finden Sie sich wieder? Was hat es sich bereits abgeschaut?

Die Elternallianz

Bisher ging es in diesem Kapitel vor allem darum, wie wir als Eltern die Entwicklung unserer Kinder direkt beeinflussen. Nun möchte ich noch auf eine indirekte Art eingehen, und zwar darauf, wie die Kooperation zwischen uns als Eltern auf unsere Kinder wirkt. Gemeint ist die Elternallianz, auch Co-Parenting genannt. Dass eine Elternallianz wichtig und sinnvoll ist, ist vermutlich selbsterklärend. Im Alltag ist sie aber nicht immer leicht umzusetzen. Es kann herausfordernd sein, eine gemeinsame Linie in der Erziehung zu finden. Denn oft kommen Elternteile ja aus ganz unterschiedlichen (Familien-)Kulturen, haben unterschiedliche Werte oder zumindest andere Prioritäten und Herangehensweisen. Werden diese unterschiedlichen Vorstellungen, Lösungsansätze und Ideen nicht besprochen und befriedet, können sie zu andauernden (latenten) Konflikten oder Konkurrenzen werden. Vor allem wenn Großeltern, Freunde und weitere Ratgeber mitreden und sich andere Allianzen zu Erziehungsthemen als die Elternallianz bilden, kann es kompliziert werden.

Um ungeklärte Themen zu befrieden, braucht es daher immer wieder eine neutrale dritte Person, gerade wenn Rivalitäten zwischen Eltern auftreten. Wenn Lösungen von einer dritten Person vorgeschlagen werden, können sie oft leichter angenommen werden.

Unsere Kinder profitieren davon, wenn wir Eltern möglichst oft an einem Strang ziehen und unsere Bemühungen nicht gegenseitig untergraben, die Erziehungspraktiken und Vorstellungen des anderen nicht schlechtmachen oder den anderen als schlechteren Elternteil dastehen lassen. Entlastend und förderlich ist es, wenn wir Eltern uns gegenseitig den Rücken stärken. Es gilt aber auch hier: »Good enough reicht!« Dass wir nicht immer einer Meinung sind, über die eine oder andere Aktion des anderen Elternteils die Stirn runzeln oder nicht gerade den konstruktivsten Kommentar abgeben, ist nur menschlich und normal.

Sind Eltern sehr häufig oder anhaltend nicht einer Meinung, kann dies für Kinder verwirrend sein und Loyalitätskonflikte in ihnen auslösen. In diesem Fall wissen Kinder nicht, zu welchem Elternteil sie halten sollen, müssen oder auch dürfen.

Streiten wir uns auch noch über die Erziehung unserer Kinder, kann das gerade für die Kleineren schwierig sein. Denn bis ins frühe Grundschulalter beziehen Kinder diese Konflikte oft auf sich selbst und können wenig differenzieren, da sie erst in diesem Alter lernen, dass andere Menschen über anderes Wissen und andere Gefühle als sie selbst verfügen (»theory of mind«). Gerade die Kleinen gehen also oft davon aus, dass sie für Streitigkeiten verantwortlich sind, die sie mitbekommen und bei denen es um sie, ihr Verhalten, ihre Gefühle und ihre Erziehung geht. Ist dies der Fall, entwickeln Kinder Scham- und Schuldgefühle, und die Entwicklung ihres Selbstwerts leidet.

Mit zunehmendem Alter können Kinder natürlich besser differenzieren. Aber der Effekt bleibt oft derselbe. Daher ist es wichtig, darauf zu achten, bestimmte Diskussionen nicht vor dem Kind zu führen. Sollte das trotzdem vorkommen, entlasten Sie Ihre Kinder, indem Sie ihnen die Situation erklären und die Verantwortung für die Streitigkeiten zu sich auf die Elternebene holen.

Haben Eltern ein herausforderndes Kind, etwa aufgrund des Temperaments, körperlicher Einschränkungen oder besonderer Eigenschaften, ist eine Elternallianz oft besonders notwendig und gleichzeitig besonders schwierig herzustellen. Oft ist es hier hilfreich, sich von Spezialisten beraten zu lassen.

Ein Risiko, das entsteht, wenn eine Elternallianz nicht funktioniert, ist, dass Kinder lernen, wie sie die Eltern gegeneinander ausspielen. Sie begreifen schnell, mit welchem Anliegen oder mit welcher Verhaltensweise sie bei welchem Elternteil bessere Chancen auf Erfolg haben. Auch dies ist völlig normal. Es kann jedoch schwierig werden, wenn das »Ausspielen« der Eltern häufig glückt und unseren Kindern so die Orientierung verloren geht. Nicht selten verstärkt dies die Konflikte zwischen Eltern, indem sie sich gegenseitig die Schuld dafür geben, dass dieses »Ausspielen« gelingt. Es ist also sinnvoll, darüber zu sprechen, wie Sie eine verlässliche Elternallianz bilden können. Wenn Ihre Allianz in konfliktreichen Zeiten brüchig werden könnte, helfen meist vorab klare Absprachen, wer was wann entscheidet beziehungsweise in welchen Situationen Sie gemeinsam entscheiden wollen.

Ihre gemeinsame Linie

Kontinuität und Einigkeit im Erziehungsverhalten ist gerade in Zeiten, in denen es turbulent zugeht, nicht immer leicht herzustellen. Für unsere Kinder ist aber genau das wichtig, denn beide Elternteile bieten Sicherheit, Orientierung und geben Stabilität. Daher ist es gut, sich eine gemeinsame Linie zu suchen, die Sie gemeinsam gut durchhalten können, auch wenn die Nerven mal dünner und die Energieressourcen knapper werden. Beispielsweise sind wenige Regeln, die man dann verlässlich einhält und einfordert, sinnvoller als viele nicht konstant befolgte Regeln. Auch Rituale wie Vorlesen beim Zubettgehen oder gemeinsame Mahlzeiten, die Sie einhalten können, geben Sicherheit.

Für Kinder ist die Zeit, in der Sie mit allen Sinnen präsent sind, besonders schön und wichtig. Hierfür hat sich der Begriff »Quality Time« eingebürgert. Die Qualität besteht darin, dass Sie sich voll und ganz auf Ihr Kind einlassen und es auch bestimmen lassen, was Sie zusammen machen oder spielen.

Sollte es mit der Erziehungsallianz nicht immer klappen, sollten Sie vermeiden, dies vor Ihren Kindern zu thematisieren oder zu kommentieren. Dies erhöht die Gefahr für Loyalitätskonflikte. Außerdem können Sie Fragen wie den folgenden gemeinsam nachgehen:

- Warum können Sie sich nicht einigen?
- Worum geht es Ihnen? Ist die Erziehung das Thema, oder diskutieren Sie im Hintergrund noch eine andere Thematik mit?
- Wie kommt es, dass Sie so schwer eine Lösung finden?
- Wie haben Sie ähnliche Situationen bereits gelöst?
- Wäre eine dritte Person (als Moderation) hilfreich? Wenn ja, wer könnte das sein? Wäre eine Erziehungsberatung, ein Elternkurs oder etwas anderes hilfreich?
- Wenn Sie sich immer wieder um Erziehungsthemen streiten, ist eine wichtige Frage: Was hat negativere Auswirkungen auf Ihr Kind, das möglicherweise schlechte Erziehungsverhalten oder die Konflikte zwischen Ihnen? Und: Welches der beiden Themen lässt sich schneller und leichter zum Wohle Ihres Kindes verändern?
- Wenn Sie keinen Weg finden, sich zu einigen, oder eine*r von Ihnen nicht zu einer Beratung möchte, versuchen Sie, wenigstens diese Frage miteinander zu klären: Wie schaffen wir es, dass jeder auf seine Weise erziehen kann, ohne dass wir uns gegenseitig sabotieren? (Das gilt natürlich nur, solange die Erziehung gewaltfrei ist. Ist das nicht der Fall, muss man sein Kind schützen und sich am besten eine Erziehungsberatungsstelle suchen.)

Mit Kindern über Konflikte reden

Wollen Eltern mit ihren Kindern über die eigenen Konflikte sprechen oder stellen die Kinder Fragen dazu, überlegen die meisten: Was darf/soll man ansprechen? Welche Antworten sind kindgerecht? Wie bringe ich mein Kind nicht in einen Loyalitätskonflikt? Gespräche mit Kindern über die eigenen Konflikte sind also »tricky«, und es gibt keine »One-size-fits-all«-Lösung. Dafür ist jede Familiensituation zu individuell, und es gibt zu viele Einflussfaktoren: das Alter der Kinder, die Dauer der Konflikte, die Heftigkeit der einzelnen Streitigkeiten, die Persönlichkeit von Kindern und Eltern, die Streitthemen etc. Dennoch habe ich versucht, ein paar Leitfragen und Eckpunkte für Gespräche mit Kindern über Elternkonflikte zusammenzutragen, damit Sie Orientierungspunkte für mögliche Gespräche haben und sich auf diese vorbereiten können. Denn so viel lässt sich auf alle Fälle sagen: **Nicht darüber zu sprechen, ist auch keine Lösung. Und: Nehmen Sie sich Zeit zum Überlegen und Vorbereiten.** Es ist besser, Sie beantworten Fragen Ihrer Kinder mit etwas Verzögerung, als dass Sie etwas sagen, über das Sie sich am Ende ärgern. Zudem ist es auch nicht schlecht, sich mit dem anderen Elternteil über Antworten abzustimmen. Das zeigt zum einen Ihren Willen, zum Wohle Ihres Kindes an einem Strang zu ziehen, und zum anderen schützt es Ihr Kind davor, durch unterschiedliche Aussagen verwirrt oder enttäuscht zu werden.

Klug ist auch, sich an kindlichen Bedürfnissen zu orientieren. Ist Ihr Kind wegen einer möglichen Trennung besorgt, ist das Sicherheitsbedürfnis zentral. Sollten Sie über eine Trennung nachdenken, oder wurde eine mögliche Trennung im Streit als Drohung ausgesprochen, führt das bei Kindern meist zu einer großen Verunsicherung. Daher müssen Sie über dieses Thema, sollte es einmal im Raum stehen, unbedingt mit Ihren Kindern sprechen. Ganz wichtig in diesem Gespräch ist die Botschaft: »Manchmal trennen sich Eltern als Paar, aber von euch Kindern trenne ich mich/ trennen wir uns nie. Die Beziehung zwischen uns als Eltern und euch als Kindern ist etwas ganz anderes als die zwischen zwei Erwachsenen.« Das ist für Kinder nicht immer selbstverständlich. Eine wichtige Nachricht ist auch, dass Konflikte auf der Paar- beziehungsweise Elternebene nichts mit den Kindern zu tun haben. Diese Tatsache ist für Erwachsene meist eindeutig. Aus der Sicht gerade jüngerer Kinder ist dieser Unterschied aber nicht so klar.

Wichtig ist, dass Sie fair mit Ihren Kindern umgehen, sie also nicht anlügen, um sie zu schonen, ihnen Loyalität zu beiden Elternteilen ermöglichen und nichts versprechen, was Sie nicht halten können. Sprechen Sie über Dinge, die Sie direkt beeinflussen können, beispielsweise dass Sie sich anstrengen, an den Konfliktthemen zu arbeiten, oder was Sie konkret dafür tun, dass es »besser« wird.

Sollte Ihr Kind etwas wissen wollen, zu dem Sie keine Aussage machen können, können Sie das ehrlich so benennen und berichten, was Sie tun: »Leider kann ich dir nicht sagen, wann wir unseren Streit geklärt haben. Aber ich kann dir sagen, dass wir uns in der Beratung echt bemühen, gute Lösungen zu finden, die auch lange halten.« Voraussetzung ist natürlich, dass das, was Sie sagen, für das (Sicherheits-)Bedürfnis Ihres Kindes hilfreich ist: »Ich verstehe, dass du Angst hast, dass wir uns trennen, wenn wir die ganze Zeit streiten. Aber trotz allen Streits ist mir unsere Familie wichtig, und ich will mich richtig anstrengen, damit wir uns bald wieder besser verstehen und du diese Angst nicht mehr haben musst.«

In solchen Situationen müssen wir manchmal »auf Sicht fahren«. Meist können wir keinen langfristigen Plan aufstellen. Daher ist es gut, sich zu überlegen, wie der nächste Schritt aussieht; ist dieser getan, kann man den nächsten angehen. Das können Sie auch so benennen: »Weißt du, gerade geht es hoch her bei uns. Daher ist unser nächster Schritt, zu klären, wer von uns welche Aufgaben in der Familie übernimmt. Genauer gesagt, fangen wir beim Haushalt an. Wir erstellen einen Plan, wer was wann zu tun hat. Dann machen wir eine Testphase, um zu schauen, was funktioniert und was wir an unserem Plan verbessern müssen. Wenn wir das geschafft haben, schauen wir, welches Thema wir als Nächstes angehen.«

Weil bei Elternkonflikten das Sicherheitsbedürfnis für Kinder zentral ist, habe ich ein paar Fragen zusammengestellt, die Ihnen dabei helfen können, sich auf solche Gespräche mit Ihren Kindern vorbereiten. Zum einen können Sie sich Gedanken über die Gesprächssituation machen:

- Fühlt sich Ihr Kind sicher genug, um über das Thema Elternkonflikte offen mit Ihnen zu sprechen? (Mögliche Hindernisse: Unsicherheit, wie es sich verhalten soll; Angst, in die Konflikte hineingezogen zu werden; Angst, Partei für ein Elternteil ergreifen zu müssen; Angst, ein Elternteil traurig zu machen, zu enttäuschen oder zu belasten.)
- Was können Sie allein und/oder zusammen tun, um Ihrem Kind einen sicheren Gesprächsrahmen zu bieten?
- Haben Sie das Gefühl, dass Sie sich gut genug abgesprochen haben und dass Sie mit Ihrem Kind reden können, ohne sich zu widersprechen oder sich uneinig zu sein?

Eine andere wichtige Frage ist, welche Informationen unsere Kinder brauchen. Gerade wenn Kinder von sich aus Fragen stellen, ist ein Verlangsamen oft hilfreich. Sie müssen die Antwort also nicht sofort geben, sondern können Ihren Kindern sagen, dass die Frage gut und absolut berechtigt sei, sie aber erst einmal darüber nachdenken müssten. Manchmal hilft es auch, mögliche Antworten mit anderen vorab zu besprechen und sich deren Meinung einzuholen. Folgende Fragen können Ihnen vielleicht dabei helfen, zu filtern, welche Informationen für Ihre Kinder hilfreich sind:

- Versuchen Sie, klar zwischen Ihren und den Bedürfnissen Ihrer Kinder zu unterscheiden. Was würden Sie Ihnen gerne sagen, weil es Ihnen wichtig ist? Und was braucht Ihr Kind, um gut mit Ihren Konflikten zurechtzukommen?
- Versetzen Sie sich in Ihr Kind hinein und versuchen Sie, folgende Fragen aus der Sicht Ihres Kindes zu beantworten: Welche Informationen bezüglich der Konflikte zwischen meinen Eltern …
  - … sind wichtig für mich, damit ich mich sicher fühlen und die Situation in unserer Familie einschätzen kann?
  - … überfordern/belasten mich?
  - … interessieren mich, würden mich aber überfordern?
  - … bringen mich in Loyalitätskonflikte?
  - … würden mich entlasten und entspannen?
  - … sind schwer für mich, und trotzdem ist es gut für mich, sie zu haben?
  - Was müssen meine Eltern tun, damit ich den Eindruck habe, dass sie fair mit mir umgehen?
  - Ist mir als Kind klar, dass die Konflikte, die zwischen meinen Eltern stattfinden, mit mir nichts zu tun haben, dass ich also auch nicht verantwortlich für diese bin?

Für das Sicherheitsbedürfnis ist aber auch wichtig, eine Idee zu haben, was in Zukunft passieren könnte. Wie es weitergeht, woran ich mich festhalten kann, was sich verändern und was gleich bleiben könnte. Auch für diesen Punkt habe ich ein paar Fragen aus Kinderperspektive formuliert:

- Streitet ihr in Zukunft weiter so viel?
- Was macht ihr (konkret), damit es (zumindest für mich) besser wird?
- Glaubt ihr, dass ihr das, was ihr mir versprecht, wirklich halten könnt?
- Was macht ihr (konkret), damit ihr mich gut im Blick habt und gut auf uns aufpassen könnt?

Da wir Menschen nicht gern nur Zuschauer sind, sondern unsere Lebenssituation auch gern beeinflussen und uns lieber selbstwirksam als ohnmächtig erleben, können Sie überlegen, wie Sie dafür sorgen können, dass Ihre Kinder Selbstwirksamkeit spüren. Wichtig ist, dabei etwas zu finden, das nicht die Gefahr birgt, in die Konflikte hineingezogen werden. Gut sind Aufgaben, die die Selbstfürsorge Ihrer Kinder betreffen und auch Erfolgserlebnisse mit sich bringen. Ein Beispiel, von dem Sie hier schon gelesen haben, kann sein, dass Sie das Time-out-Zeichen vereinbaren, das Ihre Kinder machen, wenn Ihnen eine Situation zu viel wird.

Hier ein paar Punkte, die Ihnen dabei helfen können, Ihre Kinder konstruktiv einzubeziehen:

1. Welche Bereiche eignen sich dafür, Ihre Kinder mitbestimmen/mitarbeiten zu lassen?
2. Wie verschaffen Sie Ihren Kindern Erfolgserlebnisse?
3. Hören Sie sich die Wünsche, Bedürfnisse, Lösungsideen und Emotionen (siehe Emotionscoaching) Ihrer Kinder an und gehen Sie auf diese ein! Können Sie gemeinsam Ziele erarbeiten?

4. Loben Sie Ihre Kinder, wenn Sie sich einbringen und mitgestalten wollen oder die erarbeiteten Ideen umsetzen (siehe beschreibendes Lob).

5. Machen Sie immer einen Realitätscheck mit Ihren Kindern: Überlegen Sie gemeinsam, welche Wünsche Ihrer Kinder realistisch sind.

»Die Kinder merken doch gar nicht, wenn wir streiten.«

Schon sehr früh versuchen Kinder, ihre Umwelt zu beeinflussen. Das ist in unserer Natur so angelegt. Für uns Menschen ist das Gefühl von Selbstwirksamkeit angenehm. Das ist ein Grund dafür, dass Kinder die Konflikte ihrer Eltern nicht nur passiv verfolgen, denn hilflos zu sein oder sich ohnmächtig zu fühlen, löst jede Menge Stress aus. Da haben wir schon lieber das Gefühl, eine Situation beeinflussen zu können. Dies geschieht auf vielfältige Weise.

In vielen Beratungssituationen höre ich, dass Eltern davon ausgehen, ihre Kinder würden schlafen, während sie streiten. In vielen Fällen ist dies aber nicht der Fall – die Kinder geben lediglich vor, zu schlafen. Auch Erwachsene, die unter konfliktreichen Umständen aufgewachsen sind, berichten dies aus ihrer Erinnerung.

Manchmal nehmen die Lösungsversuche von Kindern tragische Formen an – weil das Kind von seiner eigenen Logik ausgeht. Drastisch ist etwa das Beispiel, in dem ein Kind immer, wenn es einem Elternteil Bier gebracht hat, heimlich aus der Flasche trank, weil es wusste, dass es Streit gab, sobald der Elternteil alkoholisiert war. In der kindlichen Logik ergab diese Strategie durchaus Sinn: Wenn ich etwas abtrinke, ist Mama/Papa weniger schnell betrunken.

Natürlich sollten Kinder nie auf derart selbstschädigende Lösungsideen kommen müssen, um sich und ihre Familie zu schützen. Hierzu gehört auch, dass Kinder Auffälligkeiten zeigen, um die Aufmerksamkeit ihrer Eltern auf sich zu ziehen. Auch dieses Verhalten kann eine große Spannbreite haben, von kurzen Ablenkungsversuchen (Lärm machen) bis hin zu selbst verletzendem Verhalten oder sozialen Auffälligkeiten wie Aggression.

Auch auffällig unauffällig zu sein oder sich in sich selbst zurückzuziehen, ist eine mögliche Reaktion von Kindern. Wieder andere versuchen, die Eltern zu versöhnen, nette Dinge zu sagen, die Eltern zu motivieren, freundlich zueinander zu sein, Konflikte zu beschwichtigen oder zu moderieren. Hintergrund für dieses Verhalten können neben der bereits erwähnten Selbstwirksamkeit auch Ängste vor einer Trennung der Eltern sein oder die Motivation, die Situation für jüngere Geschwisterkinder zu entspannen.

Vor diesem Hintergrund ist es für uns Eltern im Zweifelsfall also besser, davon auszugehen, dass unsere Kinder eher mehr als weniger von unseren Konflikten mitbekommen. Außerdem ist es gut, unsere Kinder als aktive Familienmitglieder zu sehen, die versuchen, unser Zusammenleben gezielt mitzugestalten.

Ein Konflikt aus der Sicht Ihres Kindes

- Nehmen Sie sich eine ruhige Minute und denken Sie an einen Streit mit Ihrem Partner oder Ihrer Partnerin, der vielleicht noch nicht so lange zurückliegt und einen typischen Konflikt für Sie darstellt.
- Denken Sie nun an eines Ihrer Kinder. Versetzen Sie sich in dieses Kind und stellen Sie sich vor, dass Sie einen Streit aus seiner Perspektive beobachten:

- Was sehen Sie, wenn Sie mit den Augen Ihres Kindes einen Elternstreit erleben?
- Wie sehen die Gesichter der Eltern aus?
- Was können Sie anhand der Körpersprache von Vater und Mutter erkennen beziehungsweis ablesen oder interpretieren?
- Was hören Sie? Geht es laut oder leise, respektvoll oder abwertend zu?

- Wenn Sie sich den Streit nun vor Ihrem inneren Auge vorstellen, fragen Sie sich:
  - Welche Bedürfnisse spüren Sie? Was wünschen Sie sich? Was brauchen Sie?
  - Was wünschen Sie sich im Speziellen von Ihrer Mama, was von Ihrem Papa?
  - Falls Sie Geschwister haben, was würden Sie sich für diese wünschen?
  - Haben Sie aus der Sicht Ihres Kindes das Gefühl, dass Ihre Eltern Sie im Blick haben?
  - Sind die Eltern für Sie ansprechbar?
  - Meinen Sie, dass Ihre Eltern feinfühlig auf Sie und Ihre Bedürfnisse eingehen können?
  - Wenn dies nicht der Fall ist, was würden Sie sich von Ihren Eltern wünschen?
  - Welche Impulse kommen in Ihnen hoch?
  - Was fühlen Sie?
  - Wie würden Sie gerne reagieren?
  - Welche Gefühle kommen in Bezug auf Ihre Mutter in Ihnen hoch und welche bezüglich Ihres Vaters?
  - Was würden Sie sich wünschen, wenn der Streit beendet ist?
  - Welche Wünsche haben Sie an Ihre Eltern?

Wie geht es Ihnen nach dieser Übung? In Elternkursen löst sie oft sehr unterschiedliche Reaktionen aus. Manche Elternteile reagieren sehr emotional oder aufgewühlt, wieder andere sind sehr nachdenklich und in sich gekehrt. Wie immer gilt auch hier: Es gibt kein Richtig oder Falsch. Sie reagieren, wie Sie reagieren. Sollte die Übung Trauer- oder Schuldgefühle ausgelöst haben, können Sie nachspüren, wodurch diese Emotionen genau hervorgerufen wurden (innere Bilder, Gedanken, Erinnerungen an die eigene Kindheit ...). Versuchen Sie, diese Gefühle anzunehmen, indem Sie sie als wertvolle Hinweise sehen, die Ihnen dabei helfen, Veränderungen anzustoßen, neu zu denken und Ihr Kind sowie sich selbst wieder stärker in den Blick zu nehmen!

Wie kommt der Streit in die Familie?

Sie wissen jetzt, wie Konflikte aus Kindersicht wirken und wie Sie aktiv werden können, um Ihrem Kind ganz unmittelbar und konkret zu helfen. Doch um destruktive Streitereien nachhaltig in den Griff zu bekommen, lohnt es sich, etwas ausführlicher nachzuforschen, wie Streit überhaupt Einzug in unseren Alltag als Paar und Eltern hält.

Was bringen wir mit?

Konflikte gehören zum Familienleben dazu, und zwar egal in welcher Familienform wir leben: der oft als »klassisch« empfundenen »Vater-Mutter-Kind(er)-Familie«, einer Trennungs- oder Scheidungs-, Patchwork-, Regenbogen-, Ein-Eltern-, Adoptiv- oder Pflegefamilie. Aber wie kommen die Konflikte in die Familie? Indem Elternteile jeweils ihre Biografie und die eigene Familiengeschichte mitbringen:

- Beziehungserfahrungen aus Paarbeziehungen und Freundschaften, aber auch aus Beziehungen zu Lehrer*innen, Kolleg*innen, Vorgesetzten und Bekannten

- Hoffnungen
- Kränkungen
- Sorgen
- Wünsche
- Erwartungen
- …

Darüber hinaus bringen wir unsere Persönlichkeitsmerkmale, unseren Charakter und unsere Identität mit: etwa Intro- oder Extrovertiertheit, wie offen wir für neue Erfahrungen sind, wie gewissenhaft wir an Sachen herangehen, welches Temperament wir haben, die Identität, die wir entwickelt haben, usw.

Eine Familie zu werden, bedeutet, metaphorisch gesprochen, dass aus zwei individuellen Lebenslinien eine neue gemeinsame Familienlinie entsteht. Während dieses Prozesses ergeben sich durch die Beschaffenheit der Lebenslinien Stellen in der Familienlinie, die sehr gut zusammenpassen und sich harmonisch einfügen, während andere das Potenzial mitbringen, sich aneinander zu reiben. Kennen Sie solche Stellen in Ihrer Beziehung? Hier ein paar Fragen, falls Sie sich auf die Suche begeben wollen:

- In welcher Familienatmosphäre/-kultur sind wir und oder unsere Partner*innen aufgewachsen?
- Wie wurde das Miteinander in der Familie gestaltet? War es respektvoll? Haben Sie sich Zeit füreinander genommen und einander zugehört? Oder haben alle durcheinandergeredet?
- Wurden Sie als Kind ernst genommen?
- Wie haben sich Ihr Selbstwert und Ihr Selbstbild entwickelt?
- Welche Werte und Ziele bringen Sie beide jeweils aus Ihren Familien mit?
- Kommen Sie aus unterschiedlichen Kulturen?

- Mit welchem finanziellen Hintergrund sind Sie aufgewachsen?
- Welche Geschlechterrollen haben Sie verinnerlicht?
- Welche Streitkultur bringen Sie beide mit?

Die Antworten auf diese und bestimmt noch viele andere Fragen geben uns einen Eindruck, wie wir gelernt haben, Beziehungen (mit-)zugestalten und somit auch, auf welchem Fundament wir unsere Familie aufbauen.

Ein besonders spannendes »Mitbringsel« aus unseren Ursprungsfamilien sind die sogenannten Glaubenssätze. Also Überzeugungen oder Handlungslinien, die wir uns im Laufe unseres Lebens bewusst oder unbewusst angeeignet haben. Sie beeinflussen unsere Emotionen und unser Verhalten. Glaubenssätze, die Konflikte betreffen, sind zum Beispiel:

- »Streit zerstört die Familie.«
- »Wer am lautesten schreit, hat recht.«
- »Entschuldigungen äußern nur schwache Menschen.«
- »Der Klügere gibt nach.«
- »Wenn ich mich nicht durchsetze, bin ich ein Loser.«
- »Ich bin schwach und kann mich nicht allein verteidigen.«
- »Wir, die Meiers, lassen uns nix gefallen!«
- »Reibung erzeugt Wärme.«
- »Nur wer Streit sucht, wird Erfolg haben.«
- »Wer mit seinen Eltern streitet, liebt sie nicht.«

Egal ob diese Sätze implizit oder explizit von Ihnen oder Ihrer Familie gelebt wurden, also ob sie eher subtil, ohne je ausgesprochen worden zu sein, wirken oder klar und deutlich im Rahmen der Erziehung formuliert worden sind: Sie haben einen Einfluss darauf, wie Sie als Erwachsene*r mit Streit umgehen. Solche Sätze geben Orientierung und sind wie ein Verhaltenskompass. Manche von ihnen sind hilfreich, andere erzeugen Druck, und wieder andere wirken destruktiv. Man kann diese Sätze »befolgen«, oder man kann gegen sie »opponieren«, weil man sie blöd findet. Sich nicht zu ihnen zu verhalten oder sie zu ignorieren, ist praktisch unmöglich. Manchmal können Sie uns jedoch im Laufe des Lebens egal werden.

Ob die Glaubenssätze, die wir jeweils aus unseren Herkunftsfamilien in unsere neue Familie mitbringen, zusammenpassen, ist nicht abzusehen. Aus unterschiedlichen Glaubenssätzen können sich also Konfliktlinien bilden.

Arbeit mit Glaubenssätzen

Es gibt nicht das Patentrezept, um Glaubenssätze zu entdecken. Sie können aber prüfen, wonach Sie Ihren inneren Kompass ausrichten. Sie können Menschen, die Sie gut kennen, fragen, ob sie denken, dass eine Art innerer Leitsatz – beispielsweise für Konflikte – bei Ihnen wahrnehmbar sei. Vielleicht haben Sie ja auch selber ein Bauchgefühl zu Ihren inneren Überzeugungen.

Diese zu haben, ist übrigens überhaupt nichts Schlimmes, wir alle kennen und brauchen sie. Die Kunst besteht darin, die konstruktiven von den destruktiven Glaubenssätzen zu unterscheiden. Die Frage ist also, welche inneren Überzeugungen und Glaubenssätze uns das Leben schwer machen oder nicht mehr in unser Leben passen, weil sie einfach nicht (mehr) hilfreich sind.

Wenn Sie auf einen Glaubenssatz stoßen, können Sie ihn mit folgenden Fragen überprüfen.

1. Von wem habe ich den Glaubenssatz übernommen? Mama, Papa, Omas, Opas, sonstige Familie, Lehrer*in, Freunde ...
2. Warum folge ich ihm? Bin ich überhaupt davon überzeugt?
3. Realitätscheck: Stimmt die Aussage dieses Glaubenssatzes überhaupt mit meiner Realität überein?
4. Der Glaubenssatz war zu einem bestimmten Zeitpunkt und/ oder in einem bestimmten Kontext sinnvoll – ist er das hier und jetzt und heute für mein Leben immer noch?
5. Was würde passieren, wenn ich genau das Gegenteil von dem täte, das mein Glaubenssatz besagt? Spielen Sie dieses Szenario in Gedanken durch!
6. Welche Vorteile und Nachteile haben Sie, wenn Sie dem Glaubenssatz folgen?
7. Was wäre das Schlimmste, das passieren könnte, wenn Sie dem Satz nicht mehr folgten? Was das Beste?
8. Wie würde ein besserer Satz klingen? Was passt besser zu Ihnen, Ihren Erfahrungen, Ihrer Lebensweise? Basteln Sie so lange an dem neuen Satz, bis er sich wirklich maßgeschneidert anfühlt!

Beispiel: Glaubenssätze ergründen
Ein Elternteil bekommt das Feedback, immer mit dem Kopf durch die Wand zu wollen und wenig kompromissbereit zu sein.

Er nimmt sich dieses Feedback zu Herzen und spürt, dass an dieser Rückmeldung etwas »dran« sein könnte. Beim Ergründen des Verhaltens kommt ein Glaubenssatz aus dem Elternhaus zutage. Dieser lautet: »Man muss sich durchsetzen!« Beim Durchgehen der zuvor genannten Fragen ergeben sich folgende Erkenntnisse:

1. Der Glaubenssatz wird mit dem Elternhaus verknüpft. Die Eltern hatten ein kleines Geschäft und mussten sich immer wieder gegen größere Konkurrenten durchsetzen. Der Glaubenssatz könnte also aus dem ständigen wirtschaftlichen Überlebenskampf kommen.

2. Warum der Glaubenssatz noch immer aktiv ist, ist unklar, vermutlich, »weil man das immer schon so gemacht hat«, er also bislang nicht überprüft wurde.

3. Beruflich kann der Elternteil diesem Glaubenssatz zustimmen. Privat und in seiner Ehe merkt er, dass diese Überzeugung ihm jedoch einige Probleme bereitet.

4. Dass der Glaubenssatz für seine Eltern im geschäftlichen Rahmen sinnvoll war, bestätigt der Elternteil sofort. Für sich selbst erachtet er diesen Satz nur bedingt für sinnvoll. Zum einen, weil er mit dem Geschäft seiner Eltern nichts mehr zu tun hat. Zum anderen, weil er ihn ohne Bedenken auch auf den zwischenmenschlichen Bereich übertragen hat.

5. Würde die Person das Gegenteil des Satzes anwenden, könnte dies zu allerhand Überraschung, aber auch zu Erleichterung im engeren Umfeld führen. Im beruflichen Kontext könnte es schwieriger werden, weil die Person dort für ihre Durchsetzungsstärke geschätzt wird.

6. Der Vorteil, dem Glaubenssatz nicht mehr zu folgen, würde darin bestehen, dass sich die sozialen Beziehungen des Elternteils entspannen würden, er als »weicher« wahrgenommen würde. Der Nachteil darin, dass er beruflich »schwächer« wirken könnte.

7. Der Worst case: als zu nachgiebig wahrgenommen zu werden. Der Best case: als verhandlungsbereiter und kompromissfähiger Partner zu gelten.

8. Nach dieser Analyse ist unser Elternteil von diesem Glau-

benssatz nicht mehr überzeugt. Daher versucht er sich an einer neuen Formulierung. Er kommt zu folgendem Ergebnis: »Kompromiss- und Durchsetzungsfähigkeit haben beide ihre Vorteile – es kommt auf Situation und Kontext an.«

Wie sehr wir uns von unserer Herkunftsfamilie abgelöst haben und wo wir von ihr noch abhängig sind, hat ebenfalls einen Einfluss auf das Konfliktpotenzial in unseren neu gegründeten Familien. Diese Ablösung ist gar nicht so leicht, denn sie bedeutet, unabhängig zu werden, herauszufinden, wo man im Leben hinwill, was man tun möchte, wer man ist; es bedeutet auch, Dinge bewusst beizubehalten oder ganz anders zu machen, also eigenständig und unabhängig mit beiden Beinen im Leben zu stehen und dennoch mit der Herkunftsfamilie verbunden zu bleiben. Während wir neue Beziehungen knüpfen und irgendwann vielleicht eine Familie werden, müssen wir gleichzeitig auch unser Beziehungsgefüge mit unseren Eltern und Geschwistern überprüfen.

Wie ist das bei Ihnen?

- Welche Glaubenssätze in Bezug auf Konflikte, Streit, den Umgang mit den eigenen Bedürfnissen und Emotionen kennen Sie aus Ihrer Ursprungsfamilie? Welche wollen Sie beibehalten, welche nicht?
- Welchen Umgang mit Emotionen und Bedürfnissen haben Sie in Ihrer Herkunftsfamilie kennengelernt?
- Haben Sie in Ihrer Herkunftsfamilie gelernt, sich gut für Ihre Bedürfnisse einzusetzen?

- Was mussten Sie in ihrer Herkunftsfamilie tun, um mit Ihren Bedürfnissen gesehen und gehört zu werden?
- Welche Werte haben Sie in Ihrer Herkunftsfamilie kennengelernt? Welche davon wollen Sie in Ihrer eigenen Familie weitergeben, welche nicht?
- In welchen Bereichen haben Sie sich von Ihrer Herkunftsfamilie abgelöst?
- Wie war das in der Herkunftsfamilie Ihrer Partnerin oder Ihres Partners? Tauschen Sie sich aus!
- Wo ergeben sich Konfliktpotenziale? Wo ergänzen Sie sich gut?
- Welche Ressourcen haben Sie mitgebracht, um Streitigkeiten gut beilegen zu können?

Der Grund dafür, dass ich so genau auf diese Fragen eingehe, ist zum einen, dass es leichter wird, unsere Konflikte zu lösen, wenn wir reflektiert haben, woher wir kommen, was wir mitbringen und an welchen Punkten wir uns als Paar ergänzen beziehungsweise an welchen wir unterschiedlich sind, an welchen »natürliche« Reibungspunkte entstehen. Zum anderen finde ich es sinnvoll, sich noch einmal mit den eigenen Erfahrungen in Hinsicht auf Konflikte und Streit in der eigenen Kindheit zu beschäftigen. **Denn indem Sie Ihre eigenen Erfahrungen Revue passieren lassen, bekommen Sie eine Idee davon, wie es Ihren Kindern gehen mag.** Ihre Erinnerungen sind ein guter Ausgangspunkt für Hypothesen, was Ihre Konflikte für Ihre Kinder bedeuten könnten. Diese Vermutungen müssen natürlich nicht eins zu eins der Realität entsprechen. Aber Sie können sie gemeinsam mit Ihren Kindern überprüfen und für ein Gesprächsangebot nutzen.

Beispielsweise können Sie diese Erfahrungen einfließen lassen, wenn Sie eine Streitsituation mit Ihren Kindern nachbesprechen:

»Weißt du, damals, als ich ein Kind war, hatte ich immer das Gefühl, mich entscheiden zu müssen, zu welchem Elternteil ich halte, wenn sich Mama und Papa gestritten haben. Geht es dir auch so?« Indem Sie solche Angebote machen, stülpen Sie Ihren Kindern nicht Ihre eigenen Gefühle über und deuten dennoch an, nachfühlen zu können, wie es ihnen geht. Sie können so erreichen, dass Ihr Kind in einen inneren Suchlauf geht und überlegt, ob es sich denn wirklich so fühlt – oder ganz anders. Wenn es gut läuft, teilt es Ihnen das auch mit:»Nö, ich fühle mich nicht hin- und hergerissen, aber wenn Ihr so laut streitet, kriege ich Angst, verkrieche mich in mein Zimmer und hoffe, dass es schnell wieder vorbei ist.« So können Sie einen Zugang zu den Gefühlen Ihres Kindes bekommen. Sie wissen mehr darüber, wie es ihm geht und worauf Sie achten müssen, wenn Sie Ihrem Kind Stress ersparen wollen – in diesem Beispiel die Lautstärke.

Wundern Sie sich nicht, wenn Ihr Kind bei Gesprächsversuchen zögerlich reagiert. Nicht selten sind Kinder unsicher, was sie ihren Eltern zumuten können und ob sie Kritik äußern dürfen. Ist das so, muss erst wieder Vertrauen geschaffen werden, beispielsweise indem Kinder gute Erfahrungen in Gesprächen sammeln. Dass sie also nicht ausgeschimpft werden, sondern ihre Eltern sie ernst nehmen und im Idealfall auch wirklich etwas an ihrer Streitkultur ändern. Denn nur Verständnis dafür, dass es schwierig ist, hilft auf Dauer nicht weiter. Das löst eher ein »Die reden ja nur« oder »Ist doch alles nur bla, bla« aus. Daher lassen Sie sich ruhig darauf ein, noch einmal in Ihre eigene Kindheit einzutauchen. Fällt es Ihnen schwer, mit sich selbst (als Kind) empathisch zu sein, besteht die Wahrscheinlichkeit, dass es Ihnen auch schwerfällt, sich in Ihre Kinder einzufühlen.

Unser »Paarvertrag«

Nachdem wir ein paar unserer »Mitbringsel« kennen, schauen wir uns im Folgenden an, wie der Beziehungsaufbau als Paar verläuft. Der Beginn einer (neuen) Paarbeziehung wird oft Honeymoon-Phase genannt. Während dieser ersten Zeit sieht man die Welt durch die rosarote Brille, hat Schmetterlinge im Bauch und kann nicht genug vom anderen bekommen. Viele können auch ihren »Magic Moment« benennen, also den Moment, in dem sie sich so richtig ineinander verliebt haben. Aber auch die schönste Honeymoon-Phase geht früher oder später zu Ende. Die Welt sieht dann oft nicht mehr ganz so rosa aus. Manchmal kommen erste Zweifel auf, man ist auch mal genervt voneinander:

- Ist es wirklich der oder die Richtige?
- Aufräumen wäre auch mal eine Idee!
- Der Freundeskreis ist ja schon ein bisschen seltsam.
- Puh, ganz schön spießig
- …

Man kommt in der zweiten Phase der Beziehung an. Jetzt beginnen viele, ihre*n Partner*in zu erziehen oder ein bisschen »passender« machen zu wollen, sich selbst stärker abzugrenzen oder mit manchen Dingen unzufrieden zu werden. Die ersten Konflikte treten auf, man muss einen Weg finden, sich zusammenzuraufen und die jeweiligen Eigenheiten, Persönlichkeiten, Hobbys, Erwartungen und alles Weitere, was man so mitbringt, unter einen Hut zu kriegen. Manche schaffen das ganz leicht, für andere ist es eine große Herausforderung beziehungsweise eine Sisyphos-Arbeit, die nie aufhört. Irgendwann stellt sich aber für die allermeisten ein Gleichgewicht ein, und man schafft es, sich zu arrangieren. Und dennoch gibt es bestimmte Punkte, an denen man sich immer wieder in die Haare bekommt. Es kann im Laufe der Beziehung wiederholt Honeymoon-Phasen geben, in denen Sie sich neu ineinander verlieben oder in denen es besonders gut läuft. Genauso kann es immer wieder zu Phasen kommen, in denen Sie sich verändern wollen. Während wir also zusammenleben, schließen wir eine Art »Paarvertrag«, einigen uns auf formelle und informelle Regeln und Rollen, die in unserer Beziehung gelten. Außerdem bildet sich eine »Paaridentität«.

»Inhalt« eines Paarvertrags kann vieles sein:

- Wer nimmt welche Rolle ein?
- Wie gehen wir mit Geschlechterzuschreibungen um?
- Wie treffen wir Entscheidungen?
- Wie sehen/definieren wir uns als Paar?
- Welche Rolle spielt unsere Sexualität?
- Haben wir gemeinsame Ziele oder Ideale?
- Welche Hobbys pflegen wir?
- Welchen Platz geben wir unseren Herkunftsfamilien?
- Welche Bedeutung räumen wir unseren Freundschaften ein?

Egal auf welche Rollenverteilung oder welchen »Vertrag« sich ein Paar implizit oder explizit einigt: Im Verlaufe des gemeinsamen Zusammenlebens entsteht eine gemeinsame Kultur des »Aushandelns«. Es stellt sich heraus, wer sich eher durchsetzt, wer eher nachgibt, welche Wege man findet, um individuellen oder gemeinsamen Stress zu regulieren, und in welchen Bereichen man möglicherweise eher Einzelkämpfer bleibt. Man entwickelt gemeinsam eine Kultur, mit Unterschiedlichkeiten, Anliegen und Bedürfnissen umzugehen und diese zu verhandeln.

Natürlich ist ein Paarvertrag nicht statisch, er kann laufend angepasst und verändert werden. Allerdings besteht auch hier Konfliktpotenzial. Nicht immer finden beide Partner Veränderungen gut oder wollen eine Veränderung in dieselbe Richtung. Nicht selten will eine*r von beiden, dass es einfach bleibt, wie es ist.

Wie ist das bei Ihnen?

- Was war Ihr Magic Moment? Warum haben Sie sich in den jeweils anderen verliebt?
- Was fanden Sie am anderen toll, was hat Sie fasziniert?
- Welche Paaridentität hatten Sie zu Beginn, welche haben Sie heute?
- Wie sah Ihr ursprünglicher Paarvertrag beziehungsweise Ihre ursprüngliche Rollenverteilung aus, und welche Änderungen haben Sie vorgenommen? Welche würden Sie heute gerne vornehmen? Welche könnten konflikthaft werden, welche sind eher problemlos machbar?
- Wie haben sie es bisher geschafft, Konflikte zu lösen beziehungsweise zu befrieden?
- Gibt es ein Muster, wie Konflikte bei Ihnen als Paar schon von Anfang an abgelaufen sind?
- Gibt es Rituale oder Strategien, wie Sie Streitigkeiten beenden (bevor sie zu groß werden)?
- Gab es schon immer Themen, Gelegenheiten oder Verhaltensweisen, an denen sich Konflikte entzünden konnten (Haushalt, Ordnung, Pünktlichkeit, Themen mit den Herkunftsfamilien …)?
- Gibt es Bereiche, in denen Sie Konflikte gut lösen können, und andere Bereiche, in denen das schwerer fällt?

- Haben Sie Rituale, um sich zu versöhnen? Kennen Ihre Kinder diese Rituale?

Eltern werden ist nicht schwer – Eltern sein dagegen sehr?

Früher oder später stellt sich für die meisten Paare die Frage nach einem oder mehreren Kindern. Oder das Kind kommt einfach als »Überraschung«. Grundsätzlich wissen wir: Für viele Paare ist Eltern zu werden alles andere als leicht. Die Zweisamkeit zu erweitern und ein Baby zu integrieren, bringt erst einmal ganz schön viel durcheinander. Oft unterschätzen wir die Veränderungen, die dieser Schritt mit sich bringt:

- Bei manchen steigt das Bedürfnis nach Sicherheit.
- Menschen, die bisher Stadtmenschen waren, erinnern sich daran, wie schön ihre Kindheit auf dem Land war, und wollen dorthin zurück.
- Die Ambitionen in Bezug auf Beruf und Karriere können sich verändern.
- Die Beziehung zu unseren eigenen Eltern, die Großeltern werden, ändern sich.
- …

Ist die Entscheidung für ein Kind einmal gefallen, und man wird Mutter oder Vater – sei es durch eine Schwangerschaft, durch ein Pflegeverhältnis, Adoption, Leihmutterschaft oder Samenspende –, beinhaltet dieser Weg sowohl Freude, Hoffnungen und Träume als auch Zweifel, Sorgen und Belastungen. Daher wird oft davon gesprochen, dass ein Kind eine Krise für die Partnerschaft sein könne. Dann muss der bestehende »Paarvertrag« grundlegend überarbeitet werden. Übrigens auch bei jedem weiteren Kind, das in die Familie kommt.

- Wer nimmt wie lange Elternzeit?
- Wie will man das gemeinsame Kind erziehen?
- Wo möchte man leben?
- Wie geht man damit um, dass Omas und Opas Ansprüche anmelden oder sich eher weniger engagieren?
- Sollte man heiraten, um sich gegenseitig abzusichern?
- Welchen Familiennamen sollen die Kinder haben?
- Wie soll die Rollenverteilung aussehen?
- …

Die Herausforderungen, die wir gemeinsam meistern (müssen), können uns zusammenschweißen. Aber auch hier lauert Konfliktpotenzial: **Emotionale Verletzungen und Kränkungen, die während einer Schwangerschaft und/oder der Geburt entstehen, sind oft besonders tief, heilen nur schwer und wirken lange nach.** Vor allem aber müssen wir die Elternrolle individuell und gemeinsam annehmen. Wir müssen neben der Paarebene auch eine Elternebene, neben einem »Paarvertrag« einen »Elternvertrag« schließen, die beiden Verträge im besten Fall stimmig gestalten, und das manchmal ganz schön schnell.

Wie ist das bei Ihnen?

- Wie war Ihr Blick aufs Elternsein zu Beginn, wie ist er heute?
- Wie war Ihr Start auf der Elternebene? Wie ging es weiter?
- Gab es schon immer Konflikte in der Erziehung?

- Können Sie gut zwischen Paar- und Elternebene wechseln?
- Welche der beiden Ebenen nimmt mehr Platz ein? Gibt es Konflikte deswegen?
- Haben Sie mit Ihrem Partner über gemeinsame Erziehungsziele und Werte, die Sie vermitteln wollen, gesprochen?
- Haben Sie unterschiedliche Vorstellungen und Glaubenssätze bezüglich Ihrer Erziehung?
- Sind Sie sich einig, welche Rolle die Großeltern spielen sollen?
- Konnten Sie die Rollen und Aufgaben so verteilen, dass Sie beide zufrieden sind?
- Haben Sie (neue) gute Strategien, um mit Stress umzugehen?
- Hat einer von Ihnen das Gefühl, »draufgezahlt« zu haben?
- Gibt es alte Verletzungen oder Kränkungen, die noch nachwirken?

Umgang mit Kränkungen

Kränkungen können wehtun, sie können uns manchmal lange begleiten, und sie können sich, wenn sie nicht gut versorgt werden, immer wieder negativ auf unsere Beziehungen auswirken. Gerade weil Kränkungen sich so destruktiv auswirken können, ist es sinnvoll, sich mit ihnen auseinanderzusetzen. Da sie oft nicht nur tief gehen, sondern meist auch sensible Themen betreffen, ist Achtsamkeit bei der Bearbeitung geboten. Der Worst case wäre, wenn der Versuch, eine Kränkung zu heilen, eine weitere Kränkung verursacht. So ginge noch mehr Vertrauen in die Beziehung verloren. Daher ist es wichtig, zu prüfen, ob Sie schon bereit sind, das Thema anzugehen, und ob Sie das Gefühl haben, dass es auf fruchtbaren Boden fällt, wenn Sie Ihre Kränkungen ansprechen.

1. Die Kränkung greifbar machen
   - Wann und durch welches Verhalten wurden Sie gekränkt?
   - Was konkret hat sie in dieser Situation gekränkt? Ein Satz, ein Blick eine Bewertung, eine Einstellung, etwas anderes?
   - Versuchen Sie, Ihre Kränkung in einem möglichst kurzen und prägnanten Satz zusammenzufassen. Beispiele:
     - »Ich bin immer noch wütend, dass du unser Kind zuerst nicht haben wolltest!«
     - »Ich bin verletzt, dass du mich nicht heiraten willst, weil das für mich bedeutet, dass du nicht wirklich zu mir stehst!«
     - »Du hast mich betrogen!«
   - Überlegen Sie sich ein Symbol oder eine Metapher, die Ihre Kränkung bildhaft beschreibt. Das kann beiden Seiten dabei helfen, noch einmal die Tiefe beziehungsweise das Gefühl hinter der Kränkung zu verstehen. Beispiele, die ich aus der Arbeit mit Klient*innen kenne:
     - »Diese Erinnerung ist wie ein Stein im Schuh, der mich immer wieder drückt.«
     - »Die Kränkung fühlt sich wie ein Messer in meinem Rücken an.«
     - »Manchmal sehe ich immer noch eine Schlange in dir, weil du mich verraten und betrogen hast.«
2. Wie wollen Sie mit der Kränkung umgehen?
   - Haben Sie das Gefühl, dass Sie bereit sind, sich mit dieser Kränkung auseinanderzusetzen?
   - Was sind die Chancen für mich/uns, wenn ich das Thema angehe? Welche Risiken gibt es? (eine gute Einsatzmöglichkeit für eine klassische Pro-&-Contra-Liste)

- Falls Sie noch nicht so weit sind, ist das vollkommen in Ordnung. Vielleicht brauchen Sie einfach noch ein wenig Zeit.
- Fühlen Sie sich bereit? Dann ist es gut, sich wirklich mit dem Thema auseinanderzusetzen (ggf. auch mithilfe von Berater*innen oder Therapeut*innen).

3. Überlegen Sie, wie die Kränkung »kleiner«, »ruhiger« oder gar »geheilt« werden könnte.

- Was brauche ich (von meiner Partnerin, meinem Partner), damit meine Verletzung heilen kann?
    - Eine Entschuldigung, bei der ich ernsthaftes Bedauern spüre.
    - Ein Ritual, mit dem wir das Thema offiziell beenden (und fortan nicht mehr beginnen).
    - Dass das Thema nicht mehr angesprochen wird oder, andersherum, dass endlich darüber gesprochen wird.
    - Zeit.
    - Einen Ausgleich, der meine innere Waage wieder ins Gleichgewicht bringt.
    - Die Akzeptanz, dass die Kränkung (erst mal) bleiben wird und wir daher einen guten Umgang mit ihr finden müssen.
    - Einen offenen Austausch.
- Was fühlt sich wirklich stimmig für Sie an (und nicht wie ein fauler Kompromiss)?
    - Vertrauen Sie auf Ihr Bauchgefühl – das sollte unbedingt gut sein. Ist es das nicht? Spüren Sie nach, was noch nicht passt!
    - Es gilt der Grundsatz: Gründlichkeit vor Schnelligkeit. Also lieber ein paarmal drüber schlafen.

- Sprechen Sie mit Menschen, denen Sie vertrauen, und holen Sie eine zweite Meinung ein.
- Was kann ich selbst Hilfreiches tun, damit es mir mit dem Thema besser geht?
  - Einen neuen Blickwinkel auf beziehungsweise eine neue Bewertung für das Thema finden.
  - Meine Gefühle in einem Brief, einem Bild oder Ähnlichem ausdrücken.
  - Meine Gefühle beim Sport ausagieren.
  - Das »Symbol« für die Kränkung malen und anschließend verbrennen.
  - Einen Brief, den Sie nicht verschicken, ungefiltert und ohne Nachdenken einfach aufschreiben.

4. Realitätscheck
- Sind diese Ideen und die damit verbundenen Hoffnungen hilfreich und erreichbar?
- Kann mein*e Partner*in mit meinen Ideen mitgehen und sie umsetzen? Kann ich das?
- Können wir das alleine angehen oder wäre Unterstützung beziehungsweise Moderation hilfreich?
- Wäre eine Methode aus diesem Buch – beispielsweise das Feedback, das schwierige Gespräch, das Zwiegespräch - oder eine andere Ergänzung hilfreich?

Beispiel: Eine Kränkung aufarbeiten

1. Die Kränkung greifbar machen
- Nehmen wir an, ein Elternteil ist fremdgegangen. Dieses Beispiel ist bewusst drastisch und sehr eindeutig gewählt, da die Kränkung und der Vertrauensverlust in diesem Fall sehr gut nachvollziehbar sind. Gleichzeitig

muss eine solche Kränkung aber nicht das Ende einer Beziehung bedeuten. Dennoch bleibt die Verletzung wirksam und nährt den Konflikt. Lassen Sie uns also annehmen, dass in unserem Beispiel neben dem Betrug auch kränkend wirkte, dass der betrogene Elternteil bereits eine Ahnung von der Affäre hatte und der fremdgehende Elternteil dies herunterspielte, um nicht aufzufliegen.

- Daher fasst der betrogene Elternteil seine Kränkung in folgendem Satz zusammen: »Du hast mich betrogen, und als ich dir auf die Schliche gekommen bin, hast du mich auch noch lächerlich gemacht, nur um die Lage zu vertuschen! Du ...«
- Ein Bild dafür wäre: Du hast mich hinterrücks mit einem Messer attackiert!

2. Was will ich mit der Kränkung machen?

- In unserem Beispiel ist der verletzte Elternteil bereit für eine Auseinandersetzung mit dem Thema.
- Chancen sieht er vor allem darin, selbst nicht mehr von diesem Thema so gequält zu werden und endlich innerlich zur Ruhe zu kommen.
- Das Risiko ist, dass schlimme Gefühle von damals wieder aufwallen und sich das Kränkungsgefühl sogar noch verschlimmern könnte.

3. Wie kann die Kränkung »kleiner« werden?

- Hier ist die Frage des verletzten Elternteils: »Was bräuchte ich von meinem*r Partner*in, damit die Kränkung kleiner wird?« Nachdem das Fremdgehen nun schon längere Zeit zurückliegt, die Gründe dafür aufgearbeitet wurden und das Paar wieder zueinandergefunden, neues Vertrauen aufgebaut und die Beziehung wieder gefestigt hat, ist immer noch etwas offen. Denn der betrogene Elternteil wünscht sich auch, dass der Fremdgeher – auch vor anderen – noch einmal deutlich eingesteht, wie es wirklich war: Er ist fremdgegangen, der betrogene Elternteil hatte die richtige Intuition, wurde jedoch lächerlich gemacht, um den Seitensprung nicht zugeben zu müssen. Dieses »Tüpfelchen auf dem i« nagt immer noch am Betrogenen. Es vermischt sich auch mit dem alten Vorwurf aus der Herkunftsfamilie, angeblich »hysterisch« zu sein. Daher ist es dem betrogenen Elternteil besonders wichtig, zu klären, dass die eigenen Reaktionen angemessen waren und die angebliche Hysterie instrumentalisiert wurde, um die Untreue zu kaschieren.

- »Was könnte der betrogene Elternteil selbst tun?«, wäre die nächste Frage. Er könnte selbst alles ins rechte Licht rücken. Denn im Grunde geht es ihm darum, den Gesichtsverlust durch das Lächerlichmachen wieder auszugleichen und den eigenen Stolz wiederherzustellen.

4. Realitätscheck

- Dass ein*e Partner*in die Aufklärung komplett allein übernimmt, scheint unrealistisch. Daher könnte eine Mischung das Richtige sein: Jede*r der beiden führt einen Teil der richtigstellenden Gespräche, jeweils mit den Personen, die ihm oder ihr jeweils nahestehen, und vielleicht werden auch manche Gespräche gemeinsam geführt.
- Diese Einigung gefällt dem gekränkten Elternteil, weil er sich vorstellen kann, dass so die ersehnte innere Ruhe einkehrt.

Von Stress und Ressourcen

Auslöser innerfamiliärer Konflikte sind oft Stress und Überforderung. Manchmal reicht ein großer Stressor wie anhaltend wenig Schlaf, Geldsorgen oder eine schwere Erkrankung, um uns aus der Bahn zu werfen, uns dünnhäutiger zu machen und uns schneller aus der Haut fahren zu lassen. Häufig sind es aber auch viele kleine Stressfaktoren, die genau diese Effekte hervorrufen: Belastungen bei der Arbeit, Mental Load, Schulstress, beengter Wohnraum und obendrauf noch die fünfte Erkältungswelle, die uns nicht zur Ruhe kommen lässt. Kurz: **Alles, was stresst, Kraft raubt und uns belastet, kann ein Motor für Konflikte, insbesondere auch Konflikte zwischen Eltern sein.** Dass wir das Gefühl haben, dadurch unseren Kindern nicht gerecht zu werden, kann ein weiterer Stressor sein und dazu führen, dass wir erst recht in einer Stressspirale feststecken.

Zum Glück besteht unser Leben nicht nur aus Stressoren, sondern auch aus den unterschiedlichsten Ressourcen, und wir alle haben im Laufe unseres Lebens Wege zur Stressbewältigung, sogenannte Copingstrategien entwickelt. Diese Bewältigungsstrategien können funktional, also förderlich, oder dysfunktional und somit nicht hilfreich sein. Sport kann beispielsweise eine funktionale Bewältigungsstrategie sein, wenn es darum geht, Aggressionen abzubauen oder den Kopf frei zu kriegen. Auch Gespräche mit Freunden, Zeit in der Natur, Musizieren und Meditieren (um nur einige zu nennen) können funktionale Copingstrategien sein. Dysfunktional sind Stressbewältigungsversuche, die keine dauerhafte Lösung bringen oder gar schaden. Dazu gehört auf alle Fälle, Stress mit nicht vom Arzt verschriebenen Substanzen zu bewältigen: Medikamente, Drogen, Alkohol, zu viel Kaffee … Auch den übermäßigen Verzehr von Süßigkeiten kann man hierzu zählen sowie die Flucht in Computerspielwelten, das Handy, Frust-Shoppen und vieles mehr.

Die funktionalen Copingstrategien der einzelnen Familienmitglieder, aber auch die, die wir gemeinsam entwickelt haben, spielen eine wichtige Rolle für die Stressregulation in unseren Familien und sind somit auch bedeutsam für einen präventiven Umgang mit Konflikten. Schaffen wir es, dank Copingstrategien unseren Stress im Zaum zu halten, sind wir in der Lage, unseren Partner*innen, Kindern und auch uns selbst mit mehr Geduld und innerer Großzügigkeit zu begegnen.

Zu unseren Ressourcen zählen beispielsweise unsere sozialen und emotionalen Fähigkeiten, unser Unterstützernetzwerk, Familie, Großeltern, Freunde oder Nachbarn, kurz alles, was uns Kraft gibt und stressresistent macht. Auch Geld ist natürlich eine Ressource. Es ermöglicht mehr Wohnraum, man kann sich öfter Entlastung oder Möglichkeiten zur Entspannung schaffen, sei es durch einen Babysitter, Urlaub oder einfach dadurch, dass man sich weniger mit der Frage beschäftigen muss, woher das Geld für die Miete oder das Essen kommt.

Copingstrategien, Ressourcen und Stressfaktoren wirken also dynamisch zusammen und beeinflussen die Atmosphäre in unseren Familien und damit auch unsere Streitkultur. Meist gilt die Faustregel: Je mehr Stressfaktoren in unserem Leben auftreten und je stärker diese sind, desto weniger schaffen wir es, unsere Copingstrategien und Ressourcen abzurufen. Je weniger wir wiederum auf unsere Ressourcen zugreifen können, desto destruktiver wird unsere Streitkultur. Andersherum gilt natürlich dasselbe: **Je weniger Stressoren, desto besser gelingt uns der Zugriff auf unsere Ressourcen, und damit ist auch die Chance höher, dass wir Streit konstruktiv austragen.**

wenige Stressoren
bzw. Stressoren sind
unter Kontrolle

Konstruktiver
Umgang mit
Konflikten

Ressourcen werden
gepflegt und
abgerufen

Stress wird
abgebaut

viele & starke
Stressfaktoren

Stress
erhöht
sich

Ressourcen werden
weniger wahrge-
nommen/abgerufen

Streitkultur
verschlechtert sich

Es ist also hilfreich, wenn wir gut auf uns selbst und unsere Familie achten, indem wir versuchen, auf möglichst funktionale Copingstrategien und viele Ressourcen zurückgreifen zu können.
Das hilft uns dabei, den Stressoren in unserem Leben zu begegnen und Konflikte und Streit von unseren Kindern fernzuhalten.

Doch es liegt nicht immer in unserer Hand, wie das Zusam-
menspiel von Stressfaktoren und möglichen Ressourcen gelingt.
Wenn Dinge nicht so gut laufen, denke ich gern an meine Kolle-

gin Margit Dürr, die auch Qigong-Lehrerin ist und den Teilnehmer*innen ihrer Kurse sagt: »Schenk dir ein Lächeln!« So einfach dieser Satz ist, so genial finde ich ihn auch. Er erzeugt Leichtigkeit, löst Verkrampfungen, man kann lockerlassen und anschließend neu ansetzen. Die Leichtigkeit und die Großzügigkeit mit sich selbst, die in diesem Satz stecken, tun gut. Als Menschen machen wir nun mal Fehler oder laufen auch mal in die falsche Richtung. Wir leben allerdings in einer Zeit, in der Fehlerfreundlichkeit nicht immer ganz oben steht. Die meisten Eltern erleben im Gegenteil schon recht früh kritische Blicke und jede Menge Bewertungen, etwa wenn das Kind im Kinderwagen weint und man nicht sofort zur Stelle ist. Diese Art von Bewertungen ist wenig hilfreich. Sie fördert oft eher Schuld- oder Schamgefühle, die wiederum nicht dazu führen, dass man Fragen stellt, in den Austausch geht und nach Lösungen sucht. Daher finde ich Verantwortung ein besseres »Konzept«. Um Verantwortung geht es nämlich sehr oft beim Elternsein. Natürlich kann auch Verantwortung erschlagend wirken, dennoch ist sie etwas, das man annehmen und aktiv angehen kann und das nicht so lähmend wirkt wie Schuld- oder Schamgefühle.

Hier also mein Vorschlag: Schenken Sie sich ein Lächeln, wenn Sie schwierige Bereiche entdecken, denn ich gehe davon aus, dass Sie Ihr Bestes geben. Versinken Sie nicht in Schuldgefühlen, sondern versuchen Sie, Ressourcen zu aktivieren und das Steuer wieder in die Richtung zu lenken, die Sie für sich, Ihre Kinder und Ihre Familie hilfreich finden.

Das alles steckt auch in dem afrikanischen Sprichwort »Es braucht ein Dorf, um Kinder zu erziehen«. Je länger ich in der Erziehungsberatung und der sozialen Arbeit tätig bin, desto mehr bestätigt sich für mich die Wahrheit, die in diesem Satz steckt. Es braucht viele Menschen, um gut erziehen zu können. Wir brauchen den Austausch, gute Vorbilder, neue Ideen und Menschen, die einen Blick von außen auf uns und unsere Familien werfen oder einfach mal mit anpacken. Denn keiner von uns ist perfekt und hat unerschöpfliche Energien. Daher ist es im Grunde normal, Fehler zu machen, an seine Grenzen zu kommen und auch mal Hilfe einzufordern. Es kann außerdem Spaß machen und unsere Beziehungen stärken, wenn wir uns gemeinsam auf die Suche nach unseren Ressourcen und den Faktoren machen, die uns Kraft geben, uns stressresistent werden lassen und uns in die Lage versetzen, Dinge, die uns stören, zu verändern. So können wir uns gegenseitig dabei unterstützen, sie in unserem Familienleben fest zu verankern und bei Bedarf abzurufen.

Wie Veränderungen ganz konkret im Alltag gelingen können, zeige ich Ihnen im nächsten Kapitel.

So kann Veränderung gelingen

Ratgeber kaufen wir, wenn wir Orientierung suchen, uns nicht ganz sicher sind und/oder etwas verändern wollen. In unserem Kontext also an der Streitkultur in Ihrer Familie oder an der Familienatmosphäre, in der Ihr Kind aufwächst. Das mit dem Verändern ist allerdings gar nicht so leicht. Wäre es so, dann blieben die Fitnesscenter das ganze Jahr über so voll wie nach dem Neujahrstag, wir alle würden mehrere Sprachen sprechen, uns gesünder ernähren … Sie wissen, was ich meine. **Auch mit Blick auf unsere Kommunikation und unser Konfliktverhalten sind viele unserer Verhaltensmuster lange eingeübt und schwer zu verändern.** Gerade bei Konflikten gilt: Je länger sie andauern, desto schwerer ist es, etwas an ihrer Dynamik zu ändern, auch wenn wir das wollen und uns mit unserem eigenen Verhalten dabei nicht mehr wohlfühlen. Ein Gedanke, der schnell auftritt, wenn uns etwas in der Beziehung nervt, und den die allermeisten kennen, ist: »Würde der andere nur XYZ machen, dann wäre alles leichter.« Das ist sehr menschlich, in der Regel aber nicht besonders hilfreich, weil sich unser Gegenüber meist nicht an unsere Wünsche hält. Also müssen wir selbst überlegen, wie wir eine Situation so verändern, dass es uns und am besten allen in unserer Familie besser geht.

Werden Sie selbst aktiv!

In Beratungssituationen erlebe ich immer wieder den Wunsch von Eltern, dass ihren Kindern der Stress, der durch die Konflikte in der Familie entstanden ist, genommen wird. Dafür würden sie ihre Kinder auch gerne in Beratung oder Therapie bringen. Als Berater*in ist man in solchen Situationen jedoch immer wieder gezwungen, zurückzumelden, dass Therapie mit den Kindern nur dann wirklich sinnvoll ist, wenn die Streitigkeiten reduziert werden. Denn im schlimmsten Fall würde man den Kindern den inneren Schutz, den sie für sich selbst entwickelt haben, wegtherapieren und sie damit noch verwundbarer machen. In einem weniger schlimmen Fall würde man dazu beitragen, dass dysfunktionale Streitmuster aufrechterhalten bleiben und die Kinder ein »bisschen weniger« leiden. Aber auch das wäre keine wirklich gute Lösung. Daher gilt: **Wollen wir etwas an der Streitkultur in unserer Familie verändern, müssen wir als Eltern selbst aktiv werden, denn unser Verhalten ist das Einzige, das wir direkt beeinflussen können.** Auch wenn ich den Frust und die Erschöpfung vieler Eltern verstehen kann, wenn nach vielen Lösungsversuchen immer noch nichts erreicht ist.

Daher möchte ich jetzt darauf eingehen, wie Veränderungen und Lösungen erst einmal gefunden werden können. Denn oft geht es darum, die Perspektive zu verändern und über den Tellerrand der bisherigen Lösungen hinauszuschauen, um herauszufinden, wo man noch ansetzen könnte. Daher habe ich folgende Fragen an Sie:

- Wie, glauben Sie, gelingen nachhaltige Veränderungen?
- Wie ist Ihre persönliche Vorstellung davon, wie tragfähige Lösungen entstehen?

- Was muss passieren, was müssen Sie tun, damit sich wirklich etwas in Ihrem Leben ändert?

Nehmen Sie sich an dieser Stelle gern ein bisschen Zeit, um über diese Fragen nachzudenken. Als ich sie das erste Mal gehört habe, hatte ich jedenfalls keine schnelle Antwort. Es lohnt sich jedoch, diesen Fragen nachzugehen, bevor wir spezifischer ins Thema einsteigen. Denn je genauer unsere Vorstellung davon ist, was wir tun und worauf wir achten können, sobald wir Veränderungen anstreben, desto höher ist die Wahrscheinlichkeit, dass uns diese am Ende gelingen.

Lösungen erster und zweiter Ordnung

Auch wissenschaftlich wurde der Frage, wie wir Dinge ändern können, nachgegangen. Paul Watzlawick, John Weakland und Richard Fisch, die alle drei Teil einer Forschungsgruppe in Palo Alto waren, die die systemische Familientherapie maßgeblich mitbegründet hat, haben sich in Ihrem Buch *Lösungen*[12] intensiv mit dieser Fragestellung auseinandergesetzt und sind zu spannenden Schlussfolgerungen gekommen. Laut Paul Watzlawick und seinen Kollegen gibt es Lösungen erster und zweiter Ordnung. Das klingt zunächst sehr abstrakt, doch dahinter steht ein sehr einfaches Prinzip. Lösungen erster Ordnung folgen dem Prinzip »Mehr desselben«. Man versucht also, eine Lösung herbeizuführen, indem man die gleiche Lösungsstrategie wieder und wieder oder intensiver versucht. Das kann wunderbar funktionieren. Beim Fahrradfahren beispielsweise: Trete ich fester in die Pedale, werde ich schneller. Bremse ich, werde ich langsamer, mache ich eine Vollbremsung, stehe ich ganz schnell. Bezogen auf Kommunikation, ist ein Beispiel für eine Lösung erster Ordnung folgende Situation: Ein Paar lernt sich gerade kennen. Jeder möchte vom anderen mehr wissen. Die Lösungsstrategie für dieses »Problem« besteht natürlich darin, viel Zeit miteinander zu verbringen, sich viele Fragen zu stellen und immer wieder viel miteinander zu reden.

Unter manchen Umständen kann laut Watzlawick und Kollegen aber auch die Lösung zum Problem werden, und zwar immer dann, wenn Lösung und Problem nicht zusammenpassen. Das klingt natürlich sehr logisch, ist im Alltag aber nicht immer leicht zu bemerken, wie folgendes Beispiel zeigt: Das gleiche Paar, wie eben beschrieben, hat sich ineinander verliebt, ist zusammengeblieben, der Zauber des Anfangs ist schon ein bisschen verflogen, und der Alltag kehrt ein. Partner*in 1 möchte abends immer noch gern wissen, was bei Partner*in 2 so los war, wie der Tag lief etc. Partner*in 2 ist abends aber immer müde, hat genug vom Tag, möchte immer öfter nur noch auf die Couch und auch nicht mehr so viel erzählen. Diese Veränderung passiert schleichend und wird zwischen den beiden nicht besprochen. Also fragt Partner*in 1 immer wieder nach, wie der Tag gewesen sei und was dem anderen durch den Kopf gehe. Auf diese Weise will er/sie Wertschätzung zeigen. Partner*in 2 hingegen ignoriert die Frage und versucht, Partner*in 1 zu einem ruhigen Abend auf der Couch zu bewegen, statt die Zweisamkeit »immer nur mit Reden« zu verbringen. Die beiden haben also keine gemeinsame Lösungsstrategie wie am Anfang der Beziehung mehr – jetzt fährt jeder seine eigene. Partner*in 1 bleibt bei der Frage-Antwort-Strategie, Partner*in 2 ist zur Strategie »Bei Fragen lenke ich ab« gewechselt.

Zunächst ist das auch noch kein Problem, aber je mehr Schleifen die beiden in diesem Muster drehen, desto genervter werden sie voneinander. Irgendwann beginnt bei beiden eine innere

Eskalation und eine Distanzierung voneinander, ohne dass es einen tatsächlich greifbaren Anlass dafür gegeben hat.

Bleiben die beiden nun bei ihren Lösungsversuchen, machen sie also weiter mehr desselben, wird genau das zum Problem. Vor allem wenn sich auch die Intensität der Muster steigert: Je mehr Partner*in eins nachfragt, desto schweigsamer wird Partner*in 2, je mehr Partner*in 2 schweigt, desto mehr fragt Partner*in 1 nach. Ein klassischer Teufelskreis entsteht.

Genau hier kann eine Lösung zweiter Ordnung helfen. Diese kann man knapp als Änderung der Spielregeln beschreiben. Lautet die Spielregel des Paares im Beispiel »Einer fragt nach, der andere ignoriert, und keiner redet darüber«, so kann eine wirkliche Lösung hier ansetzen. Die beiden könnten die Spielregel anpassen: »Jeder spricht das an, was ihn am anderen irritiert.« Die einfache Frage: »Warum weichst du immer meinen Fragen aus?«, oder: »Warum fragst du mich denn so viel, wenn ich doch müde bin?«, würde reichen, um den Teufelskreis zu durchbrechen, und könnte ein Anlass für das Paar sein, sich über seine Bedürfnisse zu unterhalten, anstatt sich im Kreis zu drehen.

Oft sind solche Kommunikationsmuster für Außenstehende leichter zu erkennen als für Menschen, die in ihnen gefangen sind. Manchmal besteht eine Lösung auch darin, dass man neue Fähigkeiten entwickelt, also zum Beispiel lernt, seine Irritationen und Gefühle zunächst einmal zu spüren und im nächsten Schritt auch auszudrücken.

Je nachdem, wie man aufgewachsen ist, erscheint das manchen selbstverständlich, für andere ist es dagegen sehr irritierend, das »einfach so« zu sagen. Eine Lösung zweiter Ordnung zielt darauf ab, (Kommunikations-)Muster oder Spielregeln zu verändern. Beispiele für Veränderungen zweiter Ordnung sind aber auch neue Strukturen, Entwicklungssprünge bei den Kindern, mehr Einfühlung und ein größeres Verständnis für den anderen, Zufälle und vieles mehr. Auch Rückmeldungen können Veränderungen zweiter Ordnung herbeiführen. Alles also, was dem »Mehr desselben« endlich etwas Neues, die Situation Veränderndes entgegensetzt.

Mit dem Johari-Fenster sieht man mehr!

Hier setzt das sogenannte Johari-Fenster an, dessen Namen sich aus den Vornamen der beiden Psychologen Joseph Luft und Harry Ingham zusammensetzt. Es wurde von ihnen mit dem Ziel entwickelt, die Kommunikation von Menschen zu verbessern.[13]

	Mir bekannt	Mir unbekannt
Anderen bekannt	Ich als öffentliche Person	Blinder Fleck
Anderen unbekannt	Ich als private Person/mein Geheimnis	Unbekanntes

Das Johari-Fenster

Die Idee der Autoren wird durch die Abbildung deutlich. Sie zeigt ein Fenster, das in vier Bereiche unterteilt wird. Die Linien sind allerdings nicht als starre Mauern zu verstehen, sie sind durchlässig. Die Inhalte der einzelnen Bereiche können sich also verschieben. Diese Aufgliederung kann man nutzen, um sich selbst, sich gemeinsam als Paar und die Kommunikation miteinander unter die Lupe zu nehmen. Grundlage für diese Analyse und das Anpacken der Themen sollte der Wunsch sein, sich weiterentwickeln und wachsen zu wollen. Sich selbst, aber auch anderen Familienmitgliedern gegenüber wohlwollend und wertschätzend zu sein.

Nun aber zum Punkt: Wie können Sie das Johari-Fenster für eine Analyse der Elternkonflikte nutzen? Die Stärke dieses Konstrukts ist, dass es auf Selbst- und Fremdwahrnehmung setzt und man die Perspektiven beider streitender Elternteile einnehmen kann.

Dinge, die sowohl mir bekannt sind als auch anderen, fallen in den Bereich »öffentliche Person«. Wenn ich äußere, dass ich keine Gurken mag, besteht eine reelle Chance, dass ich auch keine angeboten bekomme.

Spannend wird es bei Konflikten immer dort, wo ein Geheimnis entsteht – wo ich etwas weiß, zu dem die anderen keinen Zugang haben. Daher lohnt es sich, genau hinzuschauen, was in den Bereich unserer »privaten Person« fällt. Hier sollten wir der Frage nachgehen, ob es für manche Familienmitglieder nicht gut wäre, etwas daraus über uns zu erfahren. Wäre es beispielsweise gut, wenn ich offenlege, dass ich Angst habe, als schwach angesehen zu werden, wenn ich bei Streitpunkten nachgebe und daher nicht klein beigeben kann? Was würde es in der Familie ändern, wenn diese Information auch Teil meiner »öffentlichen Person« würde? Es könnte das Verständnis und die Einfühlung aller Familienmitglieder für mich fördern und so zu Veränderungen zweiter Ordnung beitragen. Voraussetzung dafür, diesen Schritt zu wagen, ist, dass man seiner Familie zutraut, verantwortungsvoll und sensibel mit diesem Wissen umzugehen.

Es gibt im Johari-Fenster zwei weitere Bereiche, die wir kennen sollten und die die rechte Spalte offenbart: Dinge, die mir selbst unbekannt sind. Für mich und andere verborgen liegen beispielsweise unbewusste Teile meines Selbst und meiner Psyche. Obwohl sie in Konflikten für beide Seiten unbekannt sind, haben sie einen Einfluss auf die Streitigkeiten. Wird uns einer dieser Teile bewusst, beispielsweise eine Überzeugung, die unser Handeln unbemerkt beeinflusst hat, kann uns dies zu einer Änderung zweiter Ordnung verhelfen. Bewusst werden können uns diese Teile beispielsweise durch die Auseinandersetzung mit unserer Biografie oder im Verlauf einer Psychotherapie. Sobald uns selbst etwas bewusst geworden ist, zählt dieses Wissen übrigens zum Bereich unserer inneren »privaten Person«, und wir stehen vor der Entscheidung, ob wir dieses Wissen mit anderen teilen, es also in unsere »öffentliche Person« verschieben wollen.

Blinde Flecken erkennen

Für das Thema dieses Buches, den Streit zwischen Eltern, ist der »blinde Fleck« besonders interessant. In dieser Konstellation ist mir etwas unbekannt, was anderen aber bekannt ist. So nehmen unsere Partner*innen, aber auch unsere Kinder vielleicht etwas wahr, das wir selbst ganz anders einschätzen. Es kann sein, dass wir uns als ruhig empfinden, in Wahrheit aber sehr schnell sehr laut werden oder immer dann besonders gereizt sind, wenn etwas Bestimmtes in der Arbeit passiert. Gelingt es anderen, dies so zurückzumelden, dass wir es gut annehmen können, haben wir die Möglichkeit für eine Veränderung zweiter Ordnung. Dann entsteht die Chance, besser auf die Wünsche und Bedürfnisse der anderen Familienmitglieder einzugehen und selbst zu wachsen beziehungsweise an sich selbst zu arbeiten oder auf äußere Umstände, wie den Stress in der der Arbeit, bewusst einzugehen. Wird uns ein Verhaltensmuster deutlich, wandert auch dies vom Fenster »blinder Fleck« in das Fenster »öffentliche Person«.

Wertvolles Feedback

Wie unser Auftreten, unsere Körpersprache und Aussagen auf andere wirken, welche Gefühle sie auslösen und so weiter, können wir nur durch persönliche Rückmeldungen unserer Mitmenschen erfahren. Das sind alles Aspekte, die gerade im Bereich »Konflikte« sehr spannend sind und beim Stichwort »Feedback« aufgegriffen werden. Schaffen wir es, einen guten Austausch, eine gute Feedbackkultur zu etablieren, einander zuzuhören und uns gegenseitig ernst zu nehmen, ist das ein erster wichtiger und präventiver Schritt dafür, unsere Konflikte gar nicht erst so weit aufflammen zu lassen, dass sie nachhaltig schwierig für unsere Kinder werden.

Um mögliche blinde Flecken an sich selbst entdecken zu können, finden Sie im Verlauf des Buches daher immer wieder die Anregung, in den Austausch mit anderen zu gehen. Meist löst die Perspektive, solche Rückmeldungen zu bekommen, aber ambivalente Gefühle aus. Einerseits wollen wir mehr über uns lernen, andererseits fürchten wir, was da wohl auf uns zukommen mag. Aber es gilt auch: »Great things never happen in comfort zones.« Genauso ist es mit Veränderung und Wachstum. In den meisten Fällen lohnt es sich, sich auf die Reise zu machen, vor allem, wenn wir gut auf uns selbst achten und prüfen, ob wir uns sicher genug fühlen, diesen Schritt zu wagen. Daher ist es gerade in lang anhaltenden Konfliktsituationen sinnvoll, zu prüfen, welches Risiko man eingehen will. Damit meine ich in diesem Kontext das Risiko, persönliche Rückschläge hinnehmen zu müssen oder (wiederholt) verletzt zu werden. Folgende Fragen können Ihnen bei der Einschätzung dieses Risikos behilflich sein:

- Fühle ich mich sicher?
- Ist die Beziehung vertrauensvoll genug?

- Bin ich gerade bereit für Feedback?
- Erhalte ich vom Feedbackgeber die Rückmeldung mit einer unterstützenden Haltung und nicht von oben herab oder mit einer versteckten Aggression?

Feedbackregeln bei Konflikten

Feedback ist eine Methode, die sich leicht anwenden lässt und die gleichzeitig auch sehr wirksam ist. Es kann ein wichtiges Tool sein, wenn wir unsere Kommunikation, unser Verständnis füreinander und unsere Streitkultur weiterentwickeln wollen. Für Veränderung und Entwicklung ist bei den vier Fenstern des Johari-Fensters vor allem der »blinde Fleck« interessant. Dabei geht es um die Bereiche, die anderen auffallen, uns selbst aber nicht bewusst sind. Ein Beispiel hierfür ist unsere Körpersprache: Diese sehen andere – wir aber nicht. Wollen wir besser verstehen, wie wir auf andere wirken und was wir in ihnen auslösen, sind wir darauf angewiesen, dass uns jemand Feedback gibt. Und auch welche Wirkung unser Handeln, Sprechen und Tun gerade in Streitsituationen auf andere Menschen hat, können wir nicht wissen – es sei denn, wir bekommen dazu eine Rückmeldung. Ich kenne einige Situationen, in denen ein Erwachsener meinte, wie er rede, gestikuliere und sich ausdrücke, sei völlig normal und angemessen oder zumindest gerechtfertigt. Die anderen Familienmitglieder, oft die Kinder, sahen das jedoch ganz anders. Sie fanden die Körpersprache bedrohlich, weil die wütenden Blicke und das wilde Gestikulieren sie ängstigte. Hier stellt sich die Frage, wie man diese Eindrücke gut zurückmelden und seinen eigenen Standpunkt klarmachen kann. **Die Kunst dabei ist, Rückmeldungen so zu** formulieren, dass unser Gegenüber sie sich gut anhören kann, nicht gleich in den Widerstand geht und sich rechtfertigt, sondern sich mit dem Feedback auseinandersetzt. Die folgenden Regeln sollen genau das ermöglichen. Sie teilen sich auf in Regeln beziehungsweise Handlungsrichtlinien für die Partei, die das Feedback gibt, und für die Person, die das Feedback entgegennimmt. Wichtig ist, dass die Person, die das Feedback bekommt, nicht auf das Gesagte antwortet. Die Idee ist, die Aussage erst einmal »stehen zu lassen«, sodass man darüber nachdenken kann und nicht in Rechtfertigungsdruck kommt. Der Feedbackgeber schließt laut diesen Feedbackregeln seine Rückmeldung mit einem Wunsch ab. Auch hier gilt: Ein Wunsch ist ein Wunsch und kein Befehl.

Der Feedbacknehmer kann sich überlegen, welche Teile der Rückmeldung er sich zu Herzen nimmt und wie er mit diesem Wunsch umgeht. Gegebenenfalls kann er selbst auch ein Feedback zum Feedback geben oder mit ein wenig Abstand noch einmal ein Gespräch bezüglich der Rückmeldungen suchen.

Feedback kann durchaus emotional sein. Wichtig ist allerdings, dass Sie nur über sich, Ihre Gefühle und Ihre Wahrnehmung sprechen. Es geht darum, dass der andere mitbekommt, wie eine seiner Verhaltensweisen auf Sie gewirkt hat und was sie in Ihnen ausgelöst hat.

Letztlich gilt: Feedback ist eine Methode und wie alle anderen Methoden und Gesprächstechniken muss auch diese erlernt und geübt werden. Gelingt Ihnen das, können Sie so in Ihrer Familie eine Feedback- beziehungsweise Lernkultur einüben und vorleben, die Ihnen auch mit Ihren Kindern vor allem in der Pubertät hilfreich sein kann.

Auch Kinder können bereits (Teile der) Feedbackregeln einsetzen. Zudem geben uns die Rückmeldungen der anderen

Familienmitglieder Orientierung und somit auch die Chance, wertschätzender und rücksichtsvoller aufeinander einzugehen. Hier nun die Feedbackregeln im Überblick:

Feedbackregeln für Feedbackgeber*innen

1. Nachfrage, ob Feedback erwünscht ist.
2. Über die eigene Wahrnehmung sprechen.
3. Konkrete Beispiele heranziehen und das Verhalten bzw. die Situation beschreiben, die man meint.
4. Beschreiben, welche Gefühle dies in einem ausgelöst hat.
5. Wunsch formulieren.
6. Feedback nicht »zerreden«.

Feedbackregeln für Feedbacknehmer*innen

1. Überprüfen: Ist man gerade bereit/offen für ein Feedback? Wenn nicht, Nein sagen und ggf. das Feedback verschieben.
2. Zuhören und Verständnisfragen stellen.
3. Feedback »stehen lassen« (nicht rechtfertigen).
4. Entscheiden, was man von dem Feedback annehmen will.

Beispiel: Feedbackdialog

*Feedbackgeber*in:* *»Darf ich dir eine Rückmeldung geben? Passt es dir gerade?«*
*Feednacknehmer*in:* *»Ja. Worum geht es denn?«*
*Feedbackgeber*in:* *»Vor einer Stunde, als die Kinder und ich mit den Nachbarn gesprochen haben, bist du auf dem Weg zum Einkaufen an uns vorbeigegangen und meintest: ›Mann hey! Schon wieder hast du das Brot vergessen! Muss ich denn hier*

an alles denken?‹ Diese Situation fand ich unangemessen, da du mich erstens nicht gefragt hast, was mit dem Brot ist. Hättest du das getan, hätte ich dir gesagt, dass das Brot bereits ausverkauft war. Zweitens fand ich die Tonlage nicht angemessen, schon gar nicht vor unseren Kindern und den Nachbarn. Ich habe mich vor den Kindern und den Nachbarn geschämt, hatte das Gefühl, mich rechtfertigen zu müssen, und ich war auf dich wütend, weil du mich – so kam es mir vor – grundlos angepflaumt und in einem falschen Licht dargestellt hast. Ich würde mir wünschen, dass du in Zukunft nachfragst, wenn Einkäufe fehlen. Außerdem wünsche ich mir, dass du vor allem vor den Kindern, aber auch vor den Nachbarn höflich mit mir sprichst.«

Feednacknehmer*in: »Okay, danke. Ich werde drüber nachdenken.«

Wie Ziele uns helfen, Konflikten zu entkommen

Den Wunsch, uns zu verändern, haben wir alle von Zeit zu Zeit. Gerade wenn es um ernsthafte Konflikte geht, die uns stressen, von denen wir uns bedroht oder überfordert fühlen, sehnen wir uns danach, die Situation besser für uns gestalten zu können, malen uns in Tagträumen aus, wie wir heldengleich die Situation lösen oder unser Gegenüber einfach einlenkt. Wir wissen natürlich, dass das nicht geht, auch wenn es schön wäre. Daher kommen wir an dieser Stelle immer wieder an den Punkt, dass wir selbst die Ärmel hochkrempeln müssen. Eine Chance, unsere Konfliktsituationen zu verbessern, besteht darin, uns selbst und die Konfliktdynamiken zu analysieren. Ein paar mögliche Ansatzpunkte finden wir in diesen Bereichen:

- unsere eigenen Einstellungen (zum spezifischen Thema, zum anderen Elternteil, zum Thema Streit an sich)
- der Ort, an dem wir schwierige Themen besprechen
- die eigene Impulsivität
- das eigene alltägliche Stresslevel
- Versorgung unserer Grundbedürfnisse wie z. B. Schlaf
- unsere Wortwahl
- unser Temperament

Allein von der Erkenntnis zur Veränderung zu gelangen, ist nicht leicht. Eine Stellschraube, an der wir drehen können, um unsere Ziele zu erreichen, ist die Art und Weise, wie wir sie formulieren. Die »SMART«-Methode kann hier sehr hilfreich sein.

Ziele formulieren, um Konflikten zu entkommen

Was ist mit SMART genau gemeint? Hinter dem Akronym verbergen sich folgende Begriffe:

S pezifisch

M essbar

A ttraktiv

R ealistisch

T erminierbar

Ziele sollen **spezifisch** formuliert sein, sie sollen also eine klare Vorstellung transportieren, was man erreichen will. Ein weiterer Indikator ist ihre **Messbarkeit**. Man braucht also Kriterien, anhand derer man feststellen kann, ob man seinem Ziel näher gekommen ist. **Attraktiv** bedeutet, dass wir spüren müssen, dass uns ein Ziel motiviert beziehungsweise anzieht und wir es wirklich erreichen wollen. Ist dieser Punkt nicht erfüllt oder ist das Ziel »nur« vernünftig, wird es schwierig, dieses Ziel zu erreichen. Wichtig ist also auch, dass unser Bauch mit anspringt, dass wir in unserem Körper die Energie spüren, loslegen zu wollen (oder dass alternativ der Leidensdruck hoch genug ist, damit wir uns auf den Weg machen – das ungeliebte Rückentraining machen viele in der Regel erst nach einem Bandscheibenvorfall und nicht davor. So ähnlich ist das bei Konflikten auch manchmal, wir nehmen sie erst dann ernst, wenn sie bedrohlich werden). Realistisch zielt darauf ab, dass unser Ziel auch aus eigener Kraft erreichbar ist und auch nicht an zu hohen Hürden scheitert. Zu guter Letzt soll das Ziel noch terminierbar, also zeitlich messbar sein. So können Sie verhindern, dass das Ziel immer weiter aufgeschoben wird.

Beispiel: ein SMARTes Ziel
Nehmen wir an, Sie wären ein sehr impulsiver Mensch und hätten schon öfter die Erfahrung gemacht, dass Sie sich durch diese Impulsivität bisweilen selbst das Leben schwer machen. So haben Sie immer wieder Impulsdurchbrüche, wenn Ihr*e Partner*in etwas nicht ganz so macht, wie Sie sich das vorgestellt haben. Beispielsweise wenn Ihr*e Partner*in Ihrer Meinung nach zu viel Zeit am Handy verbringt, und zwar immer genau dann, wenn Sie alle zum Abendessen an den Tisch rufen.
Nehmen wir weiter an, diese Impulsivität hätte schon oft dazu geführt, dass die gute Stimmung vor dem Essen wie weggeblasen ist, Ihre Kinder sich zurückziehen oder die ungute Art und Weise, wie Sie mit Ihrem*r Partner*in sprechen, übernommen haben. Das wollen Sie nicht mehr und setzen sich daher das Ziel, weniger impulsiv zu reagieren.

Bei einer Überprüfung der SMART-Kriterien stellen Sie schnell fest, dass dieses Ziel noch nicht spezifisch genug ist. Also müssen Sie weiter überlegen, was es für Sie bedeutet, weniger impulsiv zu sein. Arbeiten Sie mit den SMARTen Zielen, könnten Sie zu folgenden Schlüssen kommen:

- Ich bleibe kontrollierter.
- Ich bleibe ruhig.
- Ich steuere meine Impulse bewusst.

Auch diese Beschreibungen sind noch nicht spezifisch genug. Daher ist eine gute nächste Frage: »Wie genau schaffe ich es, ruhig zu bleiben?« Eine Lösung wäre, dass Sie sich in Impulsmomenten auf die Zunge beißen und zuerst dreimal tief durchatmen. Spezifisch ist das Ziel nun also.

Messbar ist es noch nicht, daher könnten Sie sich vornehmen: Ich schaffe es mindestens jedes zweite Mal, mir auf die Zunge zu beißen und dreimal tief durchzuatmen, wenn ich meinem*r Partner*in einen »Immer-bist-du-am-Handy«-Vorwurf machen will.

Was ist das attraktive Element? Das könnte sein, dass Sie selbstbestimmt aus der Mecker-Schleife aussteigen und sich wegen eines technischen Geräts nicht die Laune verderben lassen, schon gar nicht abends, wenn der Tag entspannt ausklingen soll.

Die Umsetzung ist für Sie realistisch – Sie verlangen ja nicht von sich selbst, gleich ganz darauf zu verzichten, Ihren Unmut zu äußern.

Jetzt fehlt nur noch terminierbar. Also fügen Sie einen Zeitrahmen, z. B. die nächsten drei Wochen hinzu. Damit wäre folgendes Ziel erarbeitet:

Ich beiße mir die nächsten drei Wochen mindestens jedes zweite Mal auf die Zunge und atme dreimal tief durch, wenn ich meinem*r Partner*in einen »Immer-bist-du-am-Handy«-Vorwurf machen will.

(Würde Ihr*e Partner*in auch ein Ziel formulieren, das auf dieselben Situationen abzielt, könnte ein negatives Muster natürlich schneller gelöst werden.)

Wenn Sie wollen, können Sie jetzt noch eine Metapher, ein Logo oder ein Bild für Ihr Ziel auswählen. Das ist durchaus sinnvoll, da Sie auf diese Weise auch Ihre rechte Gehirnhälfte ansprechen, die in Bildern »denkt« und nicht in Sätzen wie dem eben formulierten Ziel. Das hilft uns manchmal sehr. Im Grunde machen wir das ja sehr oft: Jedes große Sportevent hat ein Maskottchen, jede große Firma ein Logo und jeder Verein ein Wappen. Mit diesen Bildern will man jeweils ausdrücken, wofür man steht, Identität schaffen. Scheuen Sie sich daher nicht, dieses Prinzip auch auf Ihre persönlichen Ziele anzuwenden. In unserem Beispiel käme ein Buddha als Symbol infrage. Der bleibt ruhig und atmet tief durch, ohne impulsiv zu sein. Gehen wir noch einen Schritt weiter und stellen uns vor, dass Sie dieses Bild dazu anregt, Ihre Finger in die »Buddha-Haltung« zu bringen und laut »Om« zu sagen, weil Sie das zum Schmunzeln bringt und auch Ihre Familie das lustig findet. Damit bekommt Ihr Vorhaben noch eine spielerische Komponente, und für alle ist erkennbar, wann Sie es in die Tat umsetzen. Gleichzeitig erfährt der andere Elternteil, wann er einen »Reiz« sendet, der diese Reaktion erforderlich macht.

Sie können dieses Ziel nun mit Ihrer Familie besprechen und Sie darum bitten, Ihnen beim Umsetzen zu helfen – indem sie

Sie beispielsweise mit einem »Om« daran erinnert, dass jetzt ein guter Zeitpunkt zum Üben wäre.

Ist es Ihnen gelungen, dieses Ziel umzusetzen, könnten Sie den Zeitraum erweitern, überlegen, wie Sie das neue Verhalten auch wirklich beibehalten und dafür ein neues SMARTEs Ziel erarbeiten, oder einen nächsten Schritt gehen und beispielsweise versuchen, sich auch in anderen Situationen anders zu verhalten.

Erreichen Sie Ihr Ziel nicht, schenken Sie sich zunächst Verständnis und ein Lächeln. Überlegen Sie, warum es nicht geklappt hat. Vielleicht war das Ziel nicht richtig formuliert oder nicht relevant genug? Vielleicht war die Situation ungünstig oder die Stellschraube »sich auf die Zunge zu beißen« die falsche ... Schlussendlich ist jede Veränderung ein Trial-and-Error-Prozess, und zu scheitern gehört eben auch dazu.

Die Wunderfrage

Jetzt gehen wir noch einen Schritt weiter! Stellen Sie sich vor, eine gute Fee hätte Ihr Ziel als einen Wunsch gedeutet und ihn erfüllt! Gehen Sie gedanklich mal folgende Fragen durch:

- Woran merken Sie schon beim Aufstehen, dass etwas anders ist beziehungsweise dass Sie Ihr Ziel spielend leicht erreichen?
- Was spüren Sie? Wo spüren Sie das in Ihrem Körper?
- Wie reagieren Ihre Familienmitglieder darauf?

- Woran merken die Familienmitglieder, dass Sie sich verändert haben?
- Was sagt Ihre Familie daraufhin zu Ihnen?
- Wie verändert sich das Familienklima?

Dieses Gedankenspiel ermöglicht uns, in eine sogenannte »Lösungstrance«, das Gegenteil der »Problemtrance« (in der man sich im Kontext von Konflikten oft befindet) einzutauchen. Es kann eine Sehnsucht nach dem ausgemalten Zustand entstehen und somit eine zusätzliche Motivation, das Ziel auch zu erreichen!

Ein kleiner Trick, den Sie zusätzlich nutzen können: Interviewen Sie sich in der Lösungstrance selbst und fragen Sie sich, wie Sie es geschafft haben, aus dem Problem in die Lösung zu kommen. Welche Schritte haben Sie unternommen? Was hat Ihnen geholfen? Woher haben Sie die Kraft genommen?

Sicher ist auch das folgende Kapitel, in dem ich auf einige Eigenschaften von Konflikten und vor allem ihre Dynamiken eingehen werde, hilfreich dabei, Ihre Streitigkeiten zu entspannen und mit klarerem Blick auf Konfliktverhalten zu schauen.

Konflikte – unsere komplexen Mitbewohner besser verstehen

Wir erleben in unserem Familienleben viele schlaflose Nächte, spüren Überforderung und müssen uns und unsere Abläufe ständig anpassen, weil die Kinder in ihrer Entwicklung uns immer einen Schritt voraus sind. Wir erleben Krippe, Kindergarten und die Einschulung. Dazu kommen Krankheiten, Umzüge, Jobangebote und viele andere Herausforderungen. All diese Entwicklungen, Veränderungen und manchmal auch Krisen bergen Konfliktpotenzial. Daher sind Streitigkeiten eben auch »Familienmitglieder«. Manchmal nicht die beliebtesten, aber sie gehören dazu, und wir müssen mit ihnen leben und sie so gut es geht integrieren. Damit Ihnen das künftig besser gelingt, möchte ich Ihnen nun ein paar tiefere »Wesenszüge« dieser ungebetenen Gäste vorstellen.

Dabei vereine ich verschiedene Modelle und Sichtweisen, die namhafte Konfliktforscher und Therapeuten vorgestellt haben. Betrachten Sie dies als einen Überblick darüber, wie man Konflikte und menschliche Reaktionen darauf einteilen und bezeichnen kann – ohne Anspruch auf Vollständigkeit. Nicht jedes Modell mag auf Sie passen oder für Ihren Alltag zugänglich sein. Aber oft können wir irgendwo »andocken«, es fällt uns eine Parallele zu eigenen Auseinandersetzungen ein, oder ein bestimmtes Verhalten ergibt plötzlich Sinn – weil wir endlich eine Herleitung, ein anschauliches Bild oder eine treffende Bezeichnung dafür kennen.

Erinnern Sie sich an den Hinweis, dass Streit nur dann schwierig für die Entwicklung unserer Kinder werden kann, wenn er destruktiv und lang andauernd ist? Vielleicht ist es ja eine kleine Motivation für Sie, dass eine echte Koryphäe der Kommunikationsforschung – Friedemann Schulz von Thun – in einem Interview auf die Frage »Was ist das Wichtigste, damit Streit nicht zerstörerisch wird?« folgendermaßen antwortete:

> »*Die Frage ist sehr berechtigt, denn Konflikte können ›an die Nieren‹ gehen, und dann besteht die Gefahr, dass wir primitiv werden. Das Wichtigste ist wahrscheinlich, dass es uns nach einiger Übung gelingt, die mutige Selbstbehauptung mit Empathie zu verbinden – für das, was der andere auf dem Herzen hat.*«[14]

Im gleichen Interview äußert er außerdem, dass sich »Konfliktfähigkeit« leicht trainieren lasse. Ich finde, das sind ermutigende Perspektiven! Daher möchte ich an dem Grundsatz festhalten, dass zuerst wir Erwachsenen »dran« sind, an uns zu arbeiten. **Schaffen wir es, uns eine konstruktive Konfliktkultur anzueignen, brauchen wir uns um die Folgen unserer Konflikte für unsere Kinder keine Sorgen zu machen.**

Für mich gehört zur Konfliktfähigkeit aber auch, dass man das »Wesen« von Konflikten begreift und versteht, wie der »Parasit« Konflikt es schafft, sich auf jede Kommunikation zu setzen. Daher werde ich Ihnen im Folgenden ein paar tiefere Erkenntnisse über Konflikte vorstellen. Denn streben wir eine Veränderung in unserem Konfliktverhalten, also eine Lösung zweiter Ordnung, an, ist es gut, die »Spielregeln« und Dynamiken von eskalierenden Konflikten zu kennen. Dann ist es leichter, Ideen zu entwickeln, wie wir zum Beispiel Gespräche in Konfliktsituationen gestalten können. Zuallererst möchte ich aber auf eine ganz besondere Art von Konflikten eingehen. Die Konflikte, die wir mit uns selbst haben, sogenannte intrapersonelle Konflikte.

Zwei Seelen wohnen, ach!, in meiner Brust

»Was heißt hier zwei? Bei mir sind es Hunderte!« So oder so ähnlich fühlen sicher viele, wenn es um innere Konflikte geht. Denn wie alle Konflikte machen intrapersonelle Konflikte uns das Leben oft schwer. Zudem haben sie Einfluss auf die Beziehungen zu unseren Mitmenschen, etwa wenn wir andere mit unseren Ambivalenzen und durch lange Abwägungsprozesse verärgern. Manchmal haben wir es eben nicht leicht mit uns selbst. **Daher gehört zur Konfliktfähigkeit unbedingt dazu, unsere inneren Spannungen aushalten und moderieren zu können.** Können wir uns nämlich mit uns selbst nicht auf einen Standpunkt einigen, können wir ihn anderen auch nicht mitteilen. Zudem sind wir in so einem Zustand für unsere Partner*innen und Kinder schwer greifbar. Daher ist es für uns selbst und unsere Familienmitglieder leichter, wenn wir unsere inneren Konflikte und Ambivalenzen benennen können, beispielsweise so: »Einerseits finde ich es total dreist von dir, dass du einfach entschieden hast, mit wem wir dieses Jahr Weihnachten feiern. Andererseits bin ich auch ein bisschen erleichtert, dass ich diese Entscheidung nicht mehr treffen muss. Daher könnte ich dir gleichzeitig vor Wut ins Gesicht springen und dir Danke sagen.« Ein gutes Bild, um mit solchen inneren Konflikten umzugehen, ist das innere Team.

Das innere Team

Beim inneren Team wird davon ausgegangen, dass wir viele verschiedene Persönlichkeitsanteile in uns haben. Vielleicht kennen Sie den Disney-Film *Alles steht Kopf*, in dem die Zusammenarbeit der Gefühle eines Mädchens thematisiert wird. Es geht darum, welches Gefühl dominant ist, wie sich die Gefühle zusammentun, wer am Steuer sitzt und welchen Zweck jedes einzelne Gefühl hat. Das wäre schon ein erstes Beispiel für ein inneres Team. Es gibt aber auch andere Beispiele für dieses Konzept. So können wir uns bei Fragen, die wir uns selbst stellen, gedanklich Familienangehörige, ehemalige Lehrer, geschätzte Kollegen und andere als innere Stimmen hinzuholen und überlegen, was sie wohl zu einer Sache sagen würden. Im Grunde können wir alle möglichen inneren Stimmen und Anteile in uns etwas fragen oder miteinander in den Austausch gehen lassen:

- unseren Humor
- die Poetin in uns
- den Analytiker
- die Streitschlichterin
- unseren inneren Versöhner
- die innere Revoluzzerin
- das innere Kind
- ...

Wir können sie gezielt auf die innere Bühne rufen, wenn wir sie brauchen, oder sie bitten, still zu sein, wenn sie gerade nicht gefragt sind. Es gibt auch andere Bezeichnungen für das innere Team – manche sprechen vom inneren Orchester, stellen sich eine innere Theaterbühne beziehungsweise ein Filmset vor oder imaginieren ein inneres Kommandodeck, an dem sich die unterschiedlichen Teile beraten.

Nun möchte ich Ihnen kurz zeigen, inwieweit das innere Team für Konflikte hilfreich sein kann. Da dieser Ansatz sehr vielfältig ist, kann ich ihn und seine Möglichkeiten hier nur skizzieren und nicht im vollen Umfang darlegen. Falls Sie Interesse daran haben, kann ich Ihnen zur Vertiefung das Buch *Miteinander reden 3* von Friedemann Schulz von Thun empfehlen.

1. Wenn Sie einen Konflikt mit sich selbst haben, also beispielsweise ambivalent sind, können Sie die inneren Anteile, die miteinander streiten, zuerst identifizieren und anschließend moderieren.

2. Das innere Team kann Ihnen auch dabei helfen, eine eigene Haltung für ein Konfliktgespräch zu finden. Sie können sich überlegen, welche inneren Anteile für ein gelungenes Gespräch hilfreich sind. Welche Gefühle sind dabei? Welche inneren Anteile würden Öl ins Feuer gießen? Welche inneren Anteile könnten hilfreich sein, damit Sie einerseits für sich selbst, Ihre Anliegen und Bedürfnisse einstehen können und andererseits auch so in das Gespräch gehen, dass Ihr Partner Ihnen zuhört und das Gespräch möglichst konstruktiv und zielführend verläuft?

3. Eine weitere Möglichkeit, das innere Team zu nutzen, ist, sich zu überlegen, welche inneren Anteile Sie in Ihrem*r Partner*in ansprechen müssen, damit Sie gehört werden beziehungsweise damit auch Ihr*e Partner*in sich auf ein konstruktives Gespräch einlassen kann. Andersherum ist es natürlich genauso sinnvoll, sich zu überlegen, wen Sie in Ihrem Gegenüber auf keinen Fall auf die innere Bühne rufen möchten.

4. Für Gespräche mit Ihren Kindern können Sie das innere Team ebenfalls nutzen, beispielsweise indem Sie ihnen gegenüber einzelne Anteile benennen. Wie genau das funktionieren kann, werde ich später in einem Beispiel veranschaulichen.

Wie können Sie mit dem inneren Team arbeiten?

Sie können damit beginnen, sich ein Bild für Ihr inneres Team zu suchen: ein Orchester, ein Chor, eine Sportmannschaft, Schauspieler auf einer Theaterbühne o. Ä. Als Nächstes können Sie sich überlegen, wer den Ton in Ihrem inneren Team angibt, wer also beispielsweise der Dirigent Ihres inneren Orchesters ist. Ist das Ihr bewusstes Denken, oder hat sich vielleicht ein gekränkter Persönlichkeitsanteil den Taktstock geschnappt?

Vielleicht betritt seit Ihrer Kindheit ein bestimmter Teil automatisch die innere Bühne, wenn es zu einem Streit kommt. Hier ist es schon eine gute Intervention, sich darüber bewusst zu werden und diesen Automatismus zu unterbrechen. Die Frage ist also einmal mehr, wie Sie die Spielregeln verändern können.

Beispiel: Das innere Team

Da das innere Team eine gute Methode ist, um sich selbst zu sortieren, möchte ich hier eine komplexe Situation als Beispiel wählen. Nehmen wir an, dass die Partner als kinderloses Paar ein sehr gutes Team waren. Genau das ist den beiden als Eltern jedoch noch nicht gelungen. Vor allem bei Erziehungsthemen knirscht es. Der eine findet den anderen zu verwöhnend, der andere findet die Erziehung zu streng. Die Eltern haben unterschiedliche Einschätzungen zur Mediennutzung. Allein diese Themen sorgen tagtäglich für Diskussionen. Ein weiteres Konfliktthema ist die Frage, wie sehr sich jeder der beiden einbringen sollte. Der eine Elternteil wünscht sich den anderen präsenter zu Hause. Der andere pocht darauf, dass er seine Hobbys zum Ausgleich braucht, da er sonst daheim nur unleidig wäre und keine Geduld mit den Kindern hätte. Auch in dieser Frage findet das Paar keine Lösung, und die Diskussionen flammen immer wieder auf.

Nun entscheidet ein Elternteil, dass er so nicht weitermachen möchte. Da es erst einmal nicht so aussieht, als ob eine nachhaltige Lösung gefunden werden könnte, beschließt er, sein inneres Team zu analysieren und gegebenenfalls anders aufzustellen, um zumindest konstruktiver mit der aktuellen Situation umgehen zu können.

Der erste Schritt besteht darin, sich zu überlegen, welche inneren Anteile für die eigenen Reaktionen in den Streitgesprächen eine bedeutende Rolle spielen. Wichtig ist dabei einerseits, nicht zu viele innere Anteile zu betrachten, da man sonst leicht den Überblick verliert. Andererseits ist es ebenso wichtig, keine für diese Streitpunkte zentralen inneren Anteile zu vergessen. Dieser Spagat ist also die erste Hürde, die dieser Elternteil nehmen muss.

Bei der Analyse ergeben sich folgende Antworten:

- Ganz vorn steht der »gute innere Elternteil«, der sich wünscht, seinen Kindern eine ruhigere Familienatmosphäre bieten zu können.
- Begleitet wird dieser Teil von dem Anteil »schlechtes Gewissen«, das einerseits lähmt, andererseits auch ständig auf Veränderung drängt.
- Natürlich ist der »Ärger« ein ganz dominanter innerer Anteil. Im Grunde nimmt er oft so viel Platz ein, dass die anderen Anteile zumindest in Konfliktsituationen schon gar nicht mehr wahrgenommen werden.

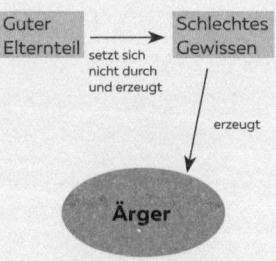

Bei der Frage, warum der Ärger so groß ist, kommt ans Licht: Der Ärger speist sich aus zwei Quellen. Die eine ist »Frust« darüber, dass der andere Elternteil nicht sieht, dass die eigenen Argumente die besseren sind. Die andere besteht darin, dass es ihnen als Eltern nicht gelingt, ein genauso gutes Team zu sein, wie sie es als Paar waren. Bei genauerem Nachdenken wird der Ärger über die nicht gelingende Elternallianz von der »Enttäuschung« über genau dieses Misslingen befeuert.

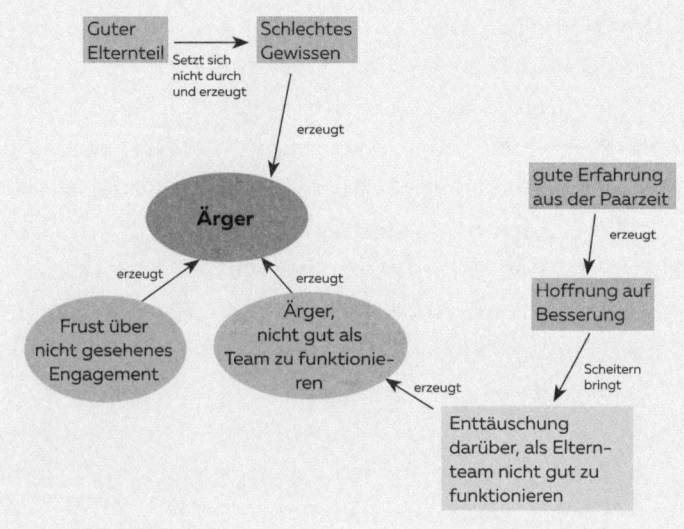

Das Scheitern darin, eine gute Kooperation als Eltern etablieren zu können, nährt den Ärger also einerseits über den »Umweg« der Enttäuschung und andererseits direkt. Also benennt der Elternteil drei weitere innere Anteile: Enttäuschung, Hoffnung (auf Besserung), gute Erfahrung (aus der Paarzeit).

Auch bezüglich des ersten Teils des Ärgers, also dass der andere Elternteil nicht versteht, dass die eigenen Argumente hinsichtlich der Erziehung die besseren sind, denkt der Elternteil noch einmal nach. Gibt es auch hier innere Anteile, die man benennen kann? Beim Nachspüren kommt der »innere Besserwisser« zum Vorschein. Dieser innere Anteil ist ein alter Bekannter aus Schulzeiten. Der Elternteil weiß, dass dieser »Besserwisser« ein Teil von ihm ist. Gleichzeitig ist ihm dieser Teil aber auch peinlich, weil er ihn als negativen inneren Anteil bewertet. Daher will er ihn auch nicht vor seinem*r Partner*in benennen. Es ist dennoch gut für ihn, zu wissen, dass dieser »Besserwisser« existiert.

Schließlich wird noch ein weiterer Anteil offenbar, der den Ärger über das »Nichtverstehen« verstärkt. Dieser Anteil bekommt den Namen »der Engagierte«, weil sich der Elternteil durch Literatur und Elternabende im Gegensatz zum anderen Elternteil viel über Erziehung informiert hat. Der »engagierte« Teil verstärkt den inneren Besserwisser. Hier eine vollständige Skizze davon, welche inneren Anteile beteiligt sind und wer welchen verstärkt:

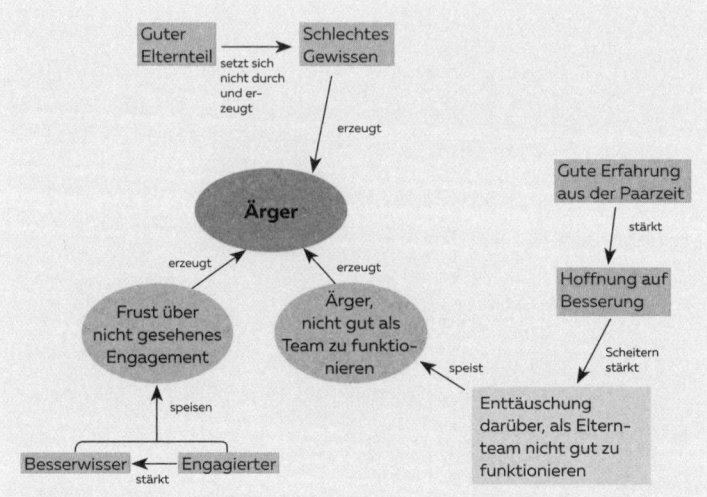

Diese Visualisierung verdeutlicht dem Elternteil, dass hinter all dem Ärger vor allem auch eine große Enttäuschung steht. Dies war dem Elternteil bisher so noch nicht klar - weil er sich die Enttäuschung nicht eingestehen wollte oder der Alltag und die vielen Streitsituationen ihm nicht die nötige Ruhe zum Nachspüren gegeben haben. Diese Erkenntnis löst erst einmal Traurigkeit aus, weil die Überzeugung, zusammen gute Eltern sein zu können, sehr stark war, die Realität aber ganz anders aussieht. Diese Enttäuschung und den Frust zu spüren, ist zwar nicht schön, aber paradoxerweise dennoch hilfreich, weil es dem Elternteil auch die Augen öffnet.

Gleichzeitig verdeutlicht die Skizze auch, dass der »gute Elternteil« in den Streitsituationen total untergeht, weil der Ärger zu dominant wird. Künftig soll der »gute Elternteil« die Führung in der Zeit zwischen den Konflikten übernehmen, also in den Zeiten, in denen der Ärger noch nicht zu groß ist. Der »gute Elternteil« soll außerdem gestärkt werden, indem die »Quellen« des Ärgers ausgetrocknet werden.

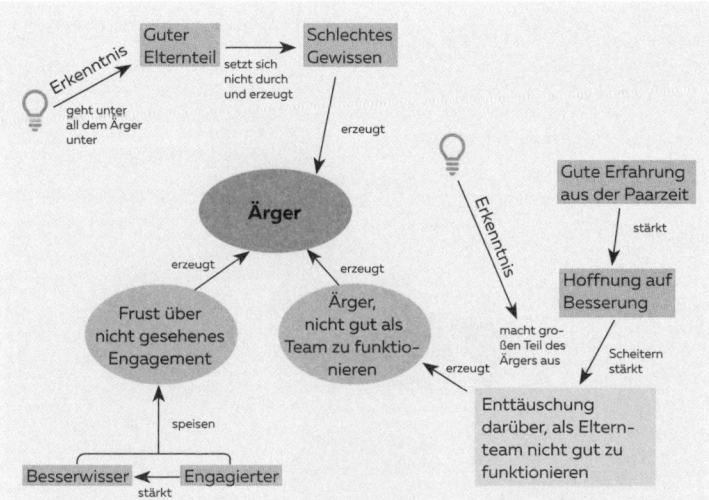

Wie das gelingt? Indem zur Sprache gebracht wird, dass vor allem die Enttäuschung den ganzen Ärger auslöst. Der enttäuschte Elternteil benennt ganz klar, dass er traurig darüber ist, dass sich die Hoffnung, gemeinsam gute Eltern sein zu können, noch nicht bewahrheitet hat. Er spricht auch an, dass er sich darüber ärgert, sich mit dem Thema Erziehung auseinanderzusetzen, während der andere dieses Engagement teilweise sogar ins Lächerliche zieht.

Hier wünscht sich der Elternteil mehr Wertschätzung. Den Besserwisser will der Elternteil erst einmal nicht ansprechen, da er ihm immer noch ein wenig peinlich ist. Dafür ist es ihm aber umso wichtiger, die Hoffnung, noch ein gutes Elternteam zu werden, hervorzuheben und den Vorschlag zu äußern, sich gemeinsam mit Erziehungsthemen auseinanderzusetzen, beispielsweise indem man zusammen Podcasts hört oder eine Beratung zu Streitpunkten aufsucht. Da es aus der Paarzeit noch genug gute Erfahrungen zu Gesprächen wie diesen gibt, stimmt der andere Elternteil dem neuen Plan hoffnungsvoll zu.

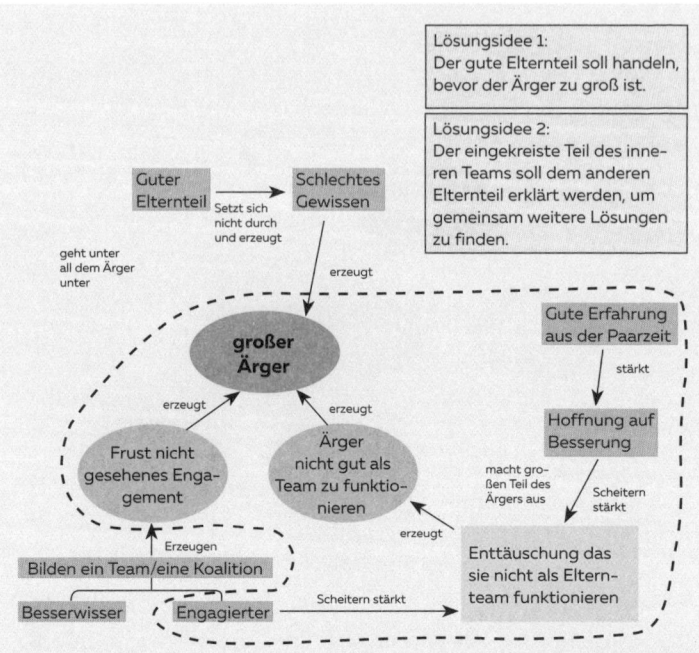

Beispiel: Das innere Team unseren Kindern erklären

Je nachdem, wie alt die Kinder dieses Paares sind, könnten die Eltern beziehungsweise ein Elternteil auch mit ihnen über gewisse Anteile des inneren Teams sprechen. Eine Erklärung für die Kinder könnte wie folgt formuliert werden:

»Ihr habt ja mitbekommen, dass wir beide in letzter Zeit viel gestritten haben. Wir haben jetzt noch einmal nachgedacht und auch miteinander gesprochen. Das viele Streiten fand ich einfach doof. Darum habe ich mal überlegt, was mich so wütend macht und warum ich manchmal so schnell herumgeschrien habe. Ich war ja manchmal wie ein Vulkan. Als ich darüber nachgedacht habe, habe ich festgestellt, dass dieser Wut-Vulkan vor allem deswegen ausgebrochen ist, weil ich die große Hoffnung hatte, dass wir beide als El-

tern besser zusammenarbeiten können und weniger streiten. Außerdem hatte ich das Gefühl, dass ich bei Gesprächen mit Mama/Papa nicht ernst genommen wurde. Als mir das alles klar geworden ist, habe ich das mit Mama/Papa besprochen. Zum Glück hatten wir ein gutes Gespräch. Ganz einig sind wir uns immer noch nicht in allen Punkten. Aber in einem ganz wichtigen schon: Nämlich, dass wir als Eltern ein gutes Team sein wollen. Darum haben wir uns darauf geeinigt, einen Schiedsrichter zu suchen, der sich gut mit Kindererziehung auskennt und uns helfen kann, eine gemeinsame Lösung zu finden.«

Im Idealfall könnte auch der zweite Elternteil noch ein paar Sätze ergänzen. Beispielsweise folgende:

»Als ich gehört habe, dass Mama/Papa wütend ist, weil wir nicht gut zusammenarbeiten und ich manchmal doofe Witze an der falschen Stelle mache, bin ich erst mal traurig geworden. Dann hat sich mein ›innerer Kämpfer‹ gemeldet, und ich habe mir gedacht: Das können wir doch besser. Dann sind wir gemeinsam auf die Idee mit dem Schiedsrichter gekommen und versuchen jetzt, weniger zu streiten. Wenn wir uns mal nicht einig sind, können wir mit dem Schiedsrichter sprechen. Wenn ihr mal merkt, dass wir das nicht schaffen, dann dürft ihr uns sagen: Stopp! Hört auf zu streiten und geht zum Schiedsrichter!«

Wichtig ist mir, zu betonen, dass Kinder wirklich gut mit diesem Modell zurechtkommen. Vor allem wenn man nur einen inneren Anteil herausgreift, beispielsweise so:

»In mir wohnt so ein kleiner Wut-Kobold. Das merkt ihr ja gerade ganz schön häufig. Denn wenn der Wut-Kobold kommt, fange ich an zu schreien. Leider ist dieser Kobold so frech oder so stark oder auch so schlau, dass ich ihn viel zu *oft nicht unter Kontrolle kriegen kann. Ich habe aber gemerkt, dass ihr diesen Kobold gar nicht mögt. Darum möchte ich jetzt lernen, ihn besser zu kontrollieren, und herausfinden, in welchen Situationen er besonders gerne herauskommt. Wenn ihr da Ideen für mich habt, könnt ihr sie mir gerne sagen.«*

Sollten Sie Ihre Kinder so oder so ähnlich mit einbeziehen, ist es wichtig, dass Sie die Vorschläge Ihrer Kinder ernst nehmen und würdigen. Sollten diese Vorschläge manchmal nicht sehr realistisch sein, können Sie darauf eingehen, beispielsweise so: *»Meint ihr wirklich, das ist geeignet, um meinen Wut-Kobold an die Leine zu legen? Ich glaube, der Kobold ist fast zu stark dafür, da müssen wir noch mal weiter überlegen.«*

Ein weiterer zentraler Punkt ist, dass Sie eine Ankündigung, die Sie Ihren Kindern machen, auch umsetzen. Sonst verspielen Sie das Vertrauen Ihrer Kinder und untergraben Ihre eigene Glaubwürdigkeit. Merken Ihre Kinder aber, dass Sie sich wirklich anstrengen, etwas zu verändern, verbessert allein diese Anstrengung schon oft die Beziehung.

Was Konflikte mit der Titanic zu tun haben

Beim Vermitteln zwischen Konfliktparteien muss meist erst einmal eine Frage geklärt werden: Worum geht es in diesem Konflikt wirklich?

Oft ist das, worüber vordergründig gestritten wird, nicht der eigentliche Grund für den Konflikt oder zumindest für die Heftigkeit der Auseinandersetzung. Daher werden Streitigkeiten oft mit einer weiteren Metapher verbunden: dem Eisberg.

Das ist ein sehr zutreffendes Bild. Die vordergründigen Themen (die Zankäpfel) sind in der Eisberg-Metapher die, die oberhalb des Wassers sichtbar sind. Die wirklichen Ursachen für die Auseinandersetzung und deren Heftigkeit liegen unterhalb der Meeresoberfläche. Die tatsächlichen Konfliktthemen werden also oftmals gar nicht wirklich besprochen beziehungsweise angepackt, sondern über Stellvertreterkonflikte ausgetragen.

Unterhalb der Wasseroberfläche liegende Themen mischen sich nur allzu gern unter aktuelle Streitigkeiten, kehren in Form von Vorwürfen immer wieder und verursachen, dass wir beim Streiten vom Hölzchen aufs Stöckchen kommen und keine nachhaltigen Lösungen finden. Sie sorgen dafür, dass Konfliktsituationen sehr schnell sehr heftig eskalieren.

Was liegt häufig unterhalb der Wasseroberfläche? Meist Kränkungen, (emotionale) Verletzungen, Kulturunterschiede oder Kommunikationsprobleme. Oft bieten sie die Ansatzpunkte, die eine nachhaltige Befriedung eines Konflikts ermöglichen. Hier kann auch das Johari-Fenster noch einmal hilfreich sein. Kennen wir selbst die Konfliktthemen unter der Wasseroberfläche oder haben wir zumindest eine Vermutung darüber, können wir unsere tatsächlichen Beweggründe mitteilen, sodass unser*e Partner*in die Möglichkeit bekommt, besser darauf einzugehen.

Lassen Sie mich ein Beispiel dafür nennen, wie der untere Teil des Eisbergs wirken kann:

»Siehst du, jetzt bist du doch froh, dass die Kinder da sind«, sagte ein Elternteil immer wieder zum anderen. Hintergrund für diese Bemerkung war, dass sich der andere Elternteil während der ersten Wochen der ersten Schwangerschaft nicht sicher war, ob er das Kind wirklich behalten wolle. Der Elternteil, der diesen Satz später ständig wiederholte, hatte jedoch einen starken Kinderwunsch und war von der zögerlichen Haltung seines Partners enttäuscht. Diese enttäuschte Hoffnung kommt nun immer wieder zum Vorschein – zwar mit einem Augenzwinkern, aber doch auch mit einem ernsten Anteil und einer Stimme, in der die Enttäuschung noch mitschwingt.

An dieser Stelle können Sie wieder für sich selbst prüfen: Was würde Ihnen helfen, um eine erlebte Kränkung wie diese heilen zu lassen? Sie können natürlich auf die bereits vorgestellte Übung zurückgreifen (»Umgang mit Kränkungen«). Ein weiteres sehr geeignetes Gegengift gegen Kränkungen ist Wertschätzung – wie könnte diese aussehen?

Sinngemäß könnte der die Schwangerschaft zunächst ablehnende Elternteil Sätze wie diese sagen, um seine Wertschätzung zu zeigen und die Kränkung aufzulösen: »Ich bin froh, dass du mich davon überzeugt hast, Kinder zu bekommen. Ich weiß, dass ich damals, als du mir von der Schwangerschaft erzählt hast, zunächst sehr skeptisch reagiert habe und dich damit sehr gekränkt habe. Du hattest dir gewünscht, dass ich dir vor Freude um den Hals falle, und ich habe über Abtreibung nachgedacht. Im Nachhinein muss ich sagen, dass ich mich damals einfach noch nicht bereit gefühlt habe, Kinder zu bekommen. Heute bin ich froh, dass du mich eines Besseren belehrt hast und unsere Kinder da sind. Und ich bin froh, dass du trotz deiner Enttäuschung bei mir geblieben bist und heute noch zu mir hältst.«

Natürlich klingen diese Sätze etwas dick aufgetragen. Oft braucht es aber genau solche umfangreichen Formulierungen, und das nicht nur einmalig. Denn für die innere Waage muss der Ausgleich für die Kränkung genauso gewichtig sein wie die Kränkung selbst. Die Formulierung ist aber nicht das Alleinentscheidende, noch wichtiger ist die innere Haltung, mit der sie hervorgebracht wird. Wird spürbar, dass der Elternteil, der die Verletzung verursacht hat, wirklich versteht und sieht, was er bewirkt hat und dass es ihm aufrichtig leidtut, kann das zur Heilung beitragen. Verstärkt wird eine solche Wirkung natürlich dadurch, dass nicht nur im Reden, sondern auch im Handeln des anderen Elternteils sichtbar wird, dass man die Kränkung wirklich wiedergutmachen möchte. Beispielsweise durch eine konkrete hilfreiche Tat oder eine Art Ritual.

In unserem Beispiel könnte das sein: die Gestaltung des Kinderzimmers, ein Geschenk für den gekränkten Elternteil, ein Brief oder eine Karte ... Neben der Anerkennung der Kränkung ist es wichtig, dass man die Verantwortung für sein Handeln übernimmt. Also zu seinem eigenen Verhalten und den eigenen Gefühlen, die zu der Situation geführt haben, steht, und die Ursachen nicht anderen in die Schuhe schiebt.

Ein weiterer Teil des Eisbergs, der unter der Wasseroberfläche liegt, sind Glaubenssätze und Vorstellungen. Beispielsweise, wenn zwei Elternteile unterschiedliche Glaubenssätze zum Thema Konflikte haben. Sieht ein Elternteil Konflikte als reinigendes Gewitter und der andere Streit als den Anfang vom Ende der Beziehung, kann leicht Verwirrung entstehen und dazu führen, dass man sich darüber streitet, was denn Streiten nun bedeutet und bewirkt. Kniffliger als in diesem Beispiel wird das Ganze vor allem dann, wenn man sich dieser Glaubenssätze nicht bewusst ist und/oder wenn diese Glaubenssätze auf reale Erfahrungen treffen.

Ich erinnere mich an eine Familienberatung, in der ein Elternteil folgenden Glaubenssatz hatte: »Wenn ich nachgebe, habe ich verloren, und wenn ich verliere, verliere ich auch mein Gesicht.« Das ging eine Weile gut, bis eine Veränderung in der Paardynamik geschah. Der andere Elternteil kam nämlich zu dem Schluss, dass er auch einmal das letzte Wort haben und nicht immer »um des lieben Friedens willen« nachgeben oder Konflikte weglächeln wolle. Die Spielregeln hatten sich also geändert. Zum Glück waren beide Elternteile dazu bereit, sich dieses Muster anzuschauen, und haben eine gute Lösung für sich gefunden. Das Paar konnte, nachdem das Konfliktmuster einmal herausgearbeitet war, sogar spielerisch damit umgehen (was zu augenzwinkerndem Schlagabtausch à la »Ich habe recht!«, »Nein ich!«, »Nein ich!« führte). Oft helfen, wie meist im Leben, also auch Humor und Selbstironie, um dem Eisberg unter der Wasseroberfläche zu begegnen. **Auch wenn wir natürlich die emotionalen Folgen des alten Musters aufarbeiten müssen, kann uns die neue, konstruktivere Konfliktkultur Rückenwind geben.**

Gefühlte Gerechtigkeit und/oder »innere Buchführung« sind weitere Faktoren, die unter der Wasseroberfläche schlummern. Was meine ich damit? Die meisten Menschen haben eine Art innere Buchführung oder ein Gefühl von Gerechtigkeit, was das Nehmen und Geben in der Beziehung, aber auch in der Elternschaft angeht. Stimmt diese innere Balance nicht, wird dies natürlich nicht immer sofort thematisiert. Der Alltag von Eltern ist ohnehin voll genug, sodass wir erst einmal selbst dazu kommen müssen, überhaupt zu spüren, dass da etwas ins Ungleichgewicht geraten ist. Anschließend müssen wir es dann auch noch schaffen, das Thema anzusprechen, am besten in einer ruhigen Minute und gut überlegt. Das ist gar nicht so leicht! Und ist für einen Elternteil erst einmal etwas aus dem Gleichgewicht, kann das Konflikte weiter befeuern. Unzufriedenheit bahnt sich ihren Weg. Manchmal durch schnippische Bemerkungen, manchmal durch einen Frontalangriff, nicht selten aber auch durch körperliche Symptome oder inneren Rückzug. Dann wächst der Eisberg sukzessive an.

Abschließend lässt sich also festhalten: **Es lohnt sich immer, sich bewusst zu machen, was unter der Wasseroberfläche des eigenen Eisbergs schlummert.** Denn Bewusstsein ist ein guter erster Schritt zur Veränderung – manchmal sogar der einzige, den es braucht.

Kennen Sie nach und nach Ihre eigenen und die Eisberge des anderen, hilft Ihnen das künftig, keinen Schiffbruch wie die Titanic zu erleiden.

Wie ist das bei Ihnen?

- Skizzieren Sie Ihren persönlichen Eisberg.
- Gewichten Sie Ihre Themen unterhalb der Wasseroberfläche. Welche wiegen besonders schwer und sollten angegangen werden, weil dies zu einer besonderen Entlastung nicht nur für Sie, sondern auch für Ihre Kinder führen könnte?
- Wenn Sie an das Johari-Fenster denken: Bei welchen Punkten sind Sie bereit, sie vom »geheimen« ins »Beide-wissen-Bescheid«-Fenster zu schieben, sie also anzusprechen? (Auch wenn

Sie denken, das sei nicht nötig, weil es offensichtlich ist: Sprechen Sie die Punkte immer explizit aus. Aus meiner Erfahrung empfehle ich: Lieber einmal zu oft, weil häufig falsche Annahmen vorliegen.)

- Wenn Sie an Ihre Kinder denken: Würde es sie entlasten, wenn sie (altersangemessen) erfahren würden, dass Ihre Konflikte sich um etwas anderes drehen als um die mehr oder weniger offensichtlichen Zankäpfel? Angenommen, es gibt immer wieder Streit darüber, wie, wo und mit wem Weihnachten gefeiert wird. Dann könnte folgende Formulierung hilfreich sein: »Wisst ihr, Mama und Papa streiten gar nicht, weil wir eine Familienseite lieber haben, sondern deswegen, weil wir Weihnachten als Kinder ganz unterschiedlich gefeiert haben. Jeder findet die Art, die er erlebt hat, besonders gut und will so auch mit euch und den Großeltern feiern. Da ist es für uns gar nicht so leicht, eine gute Lösung zu finden.«

- Wenn Sie Lust haben, können Sie auch spielerisch an das »Eisberg«-Thema herangehen, indem Sie Ihren eigenen und den Eisberg des jeweils anderen Elternteils so aufmalen, wie Sie ihn sich vorstellen. Danach vergleichen Sie Ihre Bilder und kommen darüber ins Gespräch. Dieser Abgleich von Vermutungen und Tatschen kann sehr spannend, überraschend und erhellend sein.

Wenn Sie sich Ihre gegenseitigen Eisberge bewusst machen, haben Sie die Möglichkeit, sich und Ihre*n Partner*in besser zu verstehen und Ihre Energie für das zu nutzen, worum es wirklich geht. Eine weitere Chance liegt darin, dass Sie sich nun selbst besser kennen und so Ihre Handlungen auch bewusster und erwachsener gestalten können. Vielleicht nehmen Sie die Thematik liebevoll-kritisch als Mitbewohner in Ihre Familie auf und begegnen ihr wohlwollend, wenn sie sich meldet: »Hallo, da bist du ja wieder. Gut, dass du dich meldest, wir kennen dich, du gehörst dazu, doch jetzt geht's gerade nicht um dich, sondern um etwas anderes. Um dich kümmern wir uns später …« So können Sie Ihre Familienatmosphäre entspannen, Ihre Kinder entlasten und ihnen einen konstruktiven Umgang mit Konflikten vorleben. Hat man einen guten und vertrauensvollen Weg gefunden, die verborgenen Teile des Eisbergs zu besprechen und dabei aufeinander einzugehen, hat man einen großen Schritt geschafft.

Eine andere Methode, die Ihnen dabei helfen kann, sich gegenseitig besser zu verstehen und vielleicht auch zu erahnen, wie der Eisberg des jeweils anderen gestaltet ist, ist das Zwiegespräch, das ich Ihnen nun vorstellen möchte.

Das Zwiegespräch

Das Zwiegespräch[15] ist eine strukturierte Art der Kommunikation. Ziel in diesem Gespräch ist es nicht, Konflikte zu klären, zu lösen oder zu deeskalieren, sondern zu erfahren, was den jeweils anderen gerade bewegt. Es geht also darum, den Partner oder die Partnerin besser zu verstehen und einander näherzukommen. **Im Laufe dieser Gespräche können auch Gedanken und Seiten zum Vorschein kommen, die man noch gar nicht kannte.** Das kann eine spannende Sache sein! Vor allem aber soll das Zwiegespräch die Beziehung zueinander stärken. Dafür ist es wichtig, die richtigen Bedingungen zu schaffen:

1. Es braucht einen festen Rahmen. Nehmen Sie sich 60 bis 90 Minuten Zeit. Tragen Sie das Zwiegespräch in Ihren Kalender ein.
2. Achten Sie darauf, dass Sie während dieser Zeit nicht gestört werden. Schalten Sie Ihre Telefone, Handys und Lap-

tops aus. Es ist wichtig, dass Sie sich voll und ganz Ihrem*r Partner*in widmen können.

3. Das Zwiegespräch lebt von der Wiederholung. Der Rhythmus kann unterschiedlich sein und zwischen einmal pro Woche und einmal pro Monat bis hin zum aktuellen Bedarf variieren.

Man merkt es dem Zwiegespräch an, dass es von einem Psychoanalytiker entwickelt wurde, da es relativ lange Zeiten für das freie Erzählen und Assoziieren bereithält. Die Redezeiten haben einen klaren zeitlichen Umfang (15 Minuten) und wechseln sich ab. Neben diesen Sprecherwechseln gilt es aber auch noch ein paar andere Dinge zu beachten:

- Achten Sie darauf, dass Sie einander während des Gesprächs gegenseitig gut wahrnehmen können (Mimik, Gestik, Stimme, usw.).
- Sie haben abwechselnd 15 Minuten Zeit, um über sich selbst, Ihre aktuellen Gedanken, Empfindungen, Bedürfnisse, Sorgen usw. zu berichten. Auch über Ihre Beziehung dürfen Sie sprechen. Achten Sie darauf, hier über *Ihre* Sicht und *Ihre* Empfindungen in Bezug auf Beziehung, Partner*in und Elternsein zu sprechen. Wichtig: Vermeiden Sie Bewertungen!
- Sind die 15 Minuten vorbei, kommt es zum Sprecherwechsel. Danach sind erneut Sie an der Reihe. Ziel ist, dass jeder von Ihnen insgesamt 30 bis 45 Minuten Sprech- und Zuhörzeit hat, je nachdem ob Sie die 60- oder die 90-Minuten-Variante gewählt haben.
- Wichtig: Als Zuhörer*in hören Sie nur zu. Sie stellen auch keine Verständnisfragen.
- Sie können ein Zeichen vereinbaren, wenn der Sprecher dem Zuhörer gegenüber wertend wird, um Verletzungen und

Irritationen zu vermeiden und um die Chance zu erhöhen, dass das Zwiegespräch ein Erfolg wird.

Klingt seltsam? Ist es auf den ersten Blick auch – zumindest im Vergleich zu unseren alltäglichen Gesprächen. Probieren Sie es trotzdem aus. Auch wenn es am Anfang ungewohnt ist oder sich künstlich anfühlt: Es hat sich immer wieder gezeigt, dass das Zwiegespräch dabei hilft, dass Partner einander näherkommen und Konflikte abnehmen, weil das Verständnis füreinander wieder wachsen kann.

Mögen Sie Ihren Streit lieber kalt oder heiß?

Es gibt verschiedene Arten, wie Konflikte ausgetragen werden. Damit meine ich nicht die Kategorien »konstruktiv« oder »destruktiv«, sondern die Unterscheidung von kaltem oder heißem Konflikt. Vermutlich kennen Sie den Begriff Kalter Krieg. An diesem Beispiel kann man gut zeigen, was mit kalten Konflikten gemeint ist. Der Kalte Krieg war ein Konkurrenzkampf zweier unterschiedlicher politischer Systeme. Dieser Konkurrenzkampf wurde jedoch zum Glück nie in einem offenen »heißen« Krieg militärisch ausgetragen. Dennoch gab es über Jahrzehnte Spannungen. In manchen Situationen, wie etwa der Kubakrise, drohte der kalte Konflikt in einen heißen zu kippen, sprich: eine bewaffnete Auseinandersetzung zu werden. Andersherum gab es genauso Phasen, während derer sich der Konflikt wieder abkühlte und beide Konfliktparteien die Spannungen besser im Griff hatten.

Ähnlich können die Konflikte unter Eltern zwischen kalten und heißen Phasen hin- und herwechseln. Die Frage, ob Sie Ihre

Konflikte lieber heiß oder kalt mögen, ist daher durchaus berechtigt. Denn durch unseren Charakter oder auch unsere biografischen Erfahrungen bevorzugen wir meist eine der beiden Arten. Eine Erklärung hierfür kann beispielsweise sein, wie mit Konflikten in unseren Herkunftsfamilien oder in unserer Kultur umgegangen wird. Wissen wir, ob wir tendenziell eher kalte oder heiße Konflikte präferieren, kennen wir automatisch unser Lernfeld. Sind wir eher impulsiv oder konfrontativ und tragen Konflikte heiß aus, liegt unser Lernfeld darin, uns auch mal zurückzuhalten und darauf zu vertrauen, dass sich Dinge vielleicht von alleine klären, oder die Konflikte erst dann anzugehen, wenn sich unser Gemüt wieder beruhigt hat.

Andersherum ist es natürlich genauso: Neigen wir beispielsweise dazu, unseren Ärger in uns hineinzufressen, oder scheuen wir direkte Streitgespräche, ist unser Lernfeld, unseren Ärger unserem*r Partner*in auch einmal zuzumuten und Themen direkt anzusprechen. Ich erinnere mich beispielsweise an einen Elternteil, dessen Glaubenssatz war: »Wenn lautstark gestritten wird und es richtig kracht, beschädigt das die Beziehung!« Daher gab es für ihn nur kalte Konflikte. Als sich dieser Elternteil dazu überwunden hatte, auch heiße Emotionen wie Wut mitzuteilen, verbesserte sich die Familienatmosphäre und auch die Zufriedenheit mit der Partnerschaft deutlich, vor allem dadurch, dass sich der Elternteil spürbarer machte.

Wichtig ist in diesem Zusammenhang, dass wir kalte Konflikte nicht mit Harmonie verwechseln. Kinder spüren meistens genau, dass etwas in der Luft liegt. Aus der Trennungs- und Scheidungsforschung weiß man inzwischen, dass eine Trennung für Kinder leichter zu verarbeiten ist, wenn die Konflikte zwischen den Eltern zuvor spürbar waren. Doch auch ohne Trennungsabsichten möchte ich Sie dafür sensibilisieren, dass man Kinder nicht an der falschen Stelle schonen sollte. Ein gewisses Maß an Konflikten ist Kindern durchaus zuzumuten, vor allem dann, wenn sie die Versöhnung mitbekommen und der Streit sachlich und respektvoll verläuft.

Als Beispiel dafür, wie nicht nur Menschen, sondern auch Konflikte zwischen heiß und kalt wechseln, möchte ich ein häufiges Streitthema in Familien heranziehen – die Aufteilung der Hausarbeit und der Carework zwischen den Elternteilen. Oft klingt dieses Thema banal. Es hat aber viel Eskalationspotenzial und ist mitunter ein (Haupt-)Trennungsgrund.

Diese Themen flammen immer wieder auf. Gerne bevor man in den Urlaub fährt oder rund um Weihnachten. Oft wird dann gestritten und debattiert, vielleicht wird auch die eine oder andere Veränderung versprochen, aber oft versanden die Diskussionen und gehen im Alltag unter. Anschließend läuft wieder alles in alten Bahnen, bis es einen erneuten Auslöser gibt. Sehr oft wird gerade für dieses Thema keine Lösung zweiter Ordnung gefunden. Der »Parasit« Konflikt verbreitet dennoch sein Gift.

Beide Konflikttypen verbreiten auch eine eigene Atmosphäre. Bei heißen Konflikten ist die Luft oft spannungsgeladen, und es fühlt sich so an, als ob jederzeit ein Gewitter ausbrechen und ein Blitz einschlagen könnte. Bei kalten Konflikten herrscht eher ein kühles bis frostiges Klima. Es wird sich angeschwiegen, und hin und wieder gibt es kleine verbale Spitzen oder passiv aggressives Verhalten in Form von unterschwelligen Vorwürfen, auch im Gespräch mit Dritten. Beide Atmosphären kann man spüren, wenn man als Außenstehender den Raum betritt. Stellen Sie sich nun kurz vor, dass Sie als Kind solchen Stimmungen den ganzen Tag ausgeliefert sind. Wie geht es Ihnen, was macht das mit Ihnen? Wie würden Sie versuchen, als Kind mit solchen Situationen umzugehen?

Wie ist das bei Ihnen?

- Erinnern Sie sich, wie es in Ihrer Herkunftsfamilie zuging? Eher kühl, eher spannungsreich oder ganz anders? Was haben Sie sich als Kind gewünscht? Was hätten Ihre Eltern tun können, damit die Situation besser wird?
- Was würde ein stiller Beobachter über die Konflikte in Ihrer Familie sagen? Wie würde er die Lage Ihrer Kinder beschreiben? Wozu würde er Ihnen raten? Wo liegt Ihr Entwicklungsfeld? Eher darin, direkter zu werden und Konflikte auch mal heiß werden zu lassen? Oder sollten Sie eher lernen, Konflikte auch mal abkühlen zu lassen?
- Besteht die Gefahr, dass Sie kalte Konflikte mit Harmonie verwechseln?
- Besteht die Gefahr, dass Sie heiße Konflikte als Selbstbehauptung idealisieren und dabei übersehen, wie sie auf Ihre Kinder wirken?

Ein klares Risiko ist es, Konflikte – seien sie heiß oder kalt – immer weiter schwelen und eskalieren zu lassen. Sind uns unsere Beziehungen wichtig, ist es hilfreich, wenn wir als Partner*innen einen Pakt nach dem Motto »Wir zusammen für unsere Beziehung« schließen und nicht jeder seiner eigenen Agenda beziehungsweise dem eigenen Stolz folgt.

Konflikte auf Zimmertemperatur bringen

Eine große Chance liegt in dem Grundsatz »Du sollst das Eisen schmieden, wenn es kalt ist« von Haim Omer[16], einem israelischen Psychologen, der die Prinzipien des gewaltfreien Widerstands von Mahatma Gandhi auf die Erziehung übertragen hat. Man könnte auch sagen: Löse Konflikte mit einem kühlen und klaren Kopf. **Es geht eben darum, Konflikte dann anzugehen, wenn beide Konfliktparteien dazu in der Lage sind, konstruktiv zu handeln.** Wichtig ist in jedem Fall, dass man respektvoll miteinander bleibt. Beschäftigt man sich mit Paaren, die es geschafft haben, lange und zufrieden zusammenzuleben, trifft man immer wieder auf die Aussage, dass sie nie schlafen gegangen sind, ohne Ärger zu klären. Das kann durchaus eine Herausforderung sein und dem Prinzip des kühlen Kopfes widersprechen. Denn manchmal lohnt es sich ja gerade, eine Nacht »drüber zu schlafen«. Mein Vorschlag für einen Mittelweg wäre, genau das anzusprechen. Nach dem Motto: »Jetzt ist es ungünstig. Ich brauche erst einen kühlen Kopf, aber lass uns morgen Abend noch einmal darüber reden.« Wichtig ist natürlich, dass man sich auch an die Vereinbarung hält.

Die folgenden Gesprächsregeln, können hilfreich dabei sein, Konfliktgespräche auf »Zimmertemperatur« zu führen.

Schwierige Gespräche führen

Die Erfahrung zeigt, dass eine gute Vorbereitung oft die halbe Miete ist, weil wir uns dann klarer sind, was und wie wir es sagen wollen, und somit selbstbewusster in das Gespräch gehen. Außerdem können die Vorüberlegungen ein erstes Entschleunigen im Konflikt bewirken. Falls Sie das Thema besonders heikel finden, sich unsicher sind, ob Sie die richtigen Worte finden oder sich noch nicht ganz sicher sind, was Sie eigentlich sagen wollen, können Sie das auch zuerst in Briefform machen. Für viele Menschen ist das ein gutes Vorgehen. Denn oft hilft die Methode – aus dem Kopf durch die Hand aufs Papier – dabei, uns zu strukturieren und herauszufinden, was unsere Kernaussage ist. Diese können wir anschließend im Gespräch mit weniger Worten auf den Punkt bringen, sodass auch die Chance steigt, dass wir besser verstanden werden.

Ein weiterer Vorteil des Schreibens ist, dass man auch eine erste »emotionale« Variante verfassen kann, die man anschließend vernichtet. So kann man ungefiltert seinen Emotionen freien Lauf lassen, ohne den Partner oder die Partner*in zu verletzen. (Daher ist das Entsorgen auch so wichtig!) Ist man seine Emotionen erst einmal »losgeworden«, kann man seine Anliegen anschließend meist sachlicher, klarer und konstruktiver formulieren. Das Schreiben ist also auch eine Art Emotionscoaching mit uns selbst.

Nun aber zurück zum Gespräch. Im Folgenden möchte ich Ihnen ein Beispiel für eine Gesprächsstruktur an die Hand geben. Dieser Leitfaden baut auf den Kursen »KOMKOM Kommunikationskompetenz«[17], ein Training für Paare mit Konflikten, und »Kinder im Blick«[18], einem Kurs für Eltern in Trennung und Scheidung, auf. Wie immer können Sie sich gern aussuchen, welche Elemente Sie übernehmen wollen, und mit der Methode spielen.

1. Besprechen Sie immer nur *ein* Konfliktthema. Sonst ist die Gefahr, auf viele alte Konflikte zu sprechen zu kommen und sich so zu verzetteln, viel zu groß.
2. Worum geht es (mir)?
   - Was ist das eigentliche Thema?
   - Was ist mein Kernanliegen?
   - Welche Teile meines »Eisbergs« sind aktiv?

3. Meine Emotionen zum Thema
   * Welche Emotionen habe ich zum Thema?
   * Wie will ich mit ihnen umgehen?
4. Was sind meine Ziele/Vorstellungen?
   * Worauf will ich hinaus?
   * Will ich etwas zurückmelden? → Feedback
   * Will ich etwas besprechen?
   * Was ist für mich verhandelbar, was nicht?
5. Mein inneres Team
   * Wer ist derzeit »aufgestellt«?
   * Welche inneren Anteile sind konstruktiv, welche möchten eskalieren?
   * Benötige ich weitere »innere Anteile«?
6. Sich ins Gegenüber versetzen
   * Wie geht es meinem*r Partner*in mit dem Thema?
   * Welche Reaktionen sind wahrscheinlich?
   * Wo besteht besonderes Konfliktpotenzial?
   * Was braucht mein Gegenüber von mir, um mir gut zuhören zu können?
   * Welche Formulierungen sind sinnvoll?
   * Wann ist ein guter Zeitpunkt, für das Thema?
   * Ist eine gezielte Verabredung zum Konfliktgespräch hilfreich?
7. Gesprächsleitfaden erstellen
   * Kernanliegen aufschreiben
   * ggf. Sätze vorformulieren
   * Stichpunkte machen
   * Ein paar Notizen als Gedankenstütze

Haben Sie (beide) diese Vorbereitungen getroffen, können Sie ins Gespräch einsteigen. Ähnlich wie beim Zwiegespräch gibt es wieder klare Regeln. Diesmal beziehen sie sich jedoch nicht auf die Redezeit, sondern darauf, wie Sie miteinander sprechen sollen:

* Nur über die eigenen Bedürfnisse/Anliegen/Emotionen sprechen beziehungsweise über das eigene Erleben und die eigene innere Welt berichten (Ich-Aussagen machen)
* Konkrete Beispiele/Situationen benennen. Sprechen Sie über konkrete Einzelfälle und meiden Sie Kategorien wie »immer«, »nie« usw. oder andere Verallgemeinerungen (denn die lösen nur Widerspruch aus)
* Soft to the people! Werden Sie nicht persönlich, sondern sprechen Sie über (konkrete) Verhaltensweisen.
* Sprechen Sie nur über beobachtbare Verhaltensweisen und was diese in Ihnen ausgelöst oder was Sie aus diesen geschlossen haben.
* Klar in der Sache: Formulieren Sie Wünsche/Bitten/Grenzen auch wirklich als solche und möglichst deutlich!

Nicht nur für Sprecher gibt es klare Gesprächsregeln, sondern auch als Zuhörer. Dies soll verhindern, dass man in ein »Ping-Pong« einsteigt. Denn Konfliktgespräche beschleunigen sich gerne von alleine. Die klaren Regeln sollen dabei helfen, das Tempo gering zu halten, damit wir beim Wesentlichen bewusst formulieren und konstruktiv bleiben können. Daher gilt für Zuhörer:

* Seien Sie voll und ganz beim Gespräch (keine Handys, Fernseher, usw.).
* Bevor Sie antworten: Fassen Sie zusammen, was Sie verstanden haben. Das entschleunigt, gibt Ihnen Zeit, sich zu sammeln, und beugt Missverständnissen vor.

- Stellen Sie Verständnisfragen, wenn Ihnen etwas nicht klar ist.
- Melden Sie gern zurück, was das Gesagte in Ihnen auslöst.

Sprecher und Zuhörer wechseln so lange, bis das Thema des Gesprächs hinreichend geklärt oder ein Verbleib gefunden ist. **Wichtig:** Merken Sie, dass Sie auf keinen gemeinsamen Nenner kommen, benennen Sie das und überlegen Sie, wann Sie das Gespräch fortsetzen oder wie Sie damit umgehen, dass es gerade keine Lösung gibt. Vielleicht ist ein gutes nächstes Thema dann, wie Sie mit Ihren unterschiedlichen Standpunkten so umgehen, dass es für Sie und Ihre Kinder möglichst wenig Stress bedeutet, wenn ein Kompromiss oder eine Lösung gerade nicht möglich ist.

- Loben Sie sich gern gegenseitig für Ihre Bemühungen, konstruktiv zu sein.
- Halten Sie Abmachungen (schriftlich) fest und überlegen Sie, wie Sie diese überprüfen können, beziehungsweise ob sie realistisch sind. Orientieren Sie sich dabei an den SMART-Zielen. Treffen Sie also am besten spezifische, messbare, aktive, relevante und terminierbare Abmachungen. Vereinbaren Sie gleich mit, wie Sie sich gegenseitig liebevoll und freundlich an diese Abmachungen erinnern. Denn dass Sie beide diese nicht immer einhalten werden, ist nur realistisch und menschlich.

Die vier apokalyptischen Reiter

Von John Gottman[19] stammt der Satz, dass es fünf positive Interaktionen zu einer negativen Interaktion brauche, damit eine Paarbeziehung stabil bleibe. Der Psychologe und Paartherapeut hat aus seinen Beobachtungsstudien abgeleitet, wie Konflikte in Paarbeziehungen eskalieren können. Er nannte sie die vier apokalyptischen Reiter. Hinter dieser Anspielung auf die Bibel verbergen sich folgende Eskalationsstufen:

- **Kritik:** In dieser Phase werden Kritikpunkte beziehungsweise Äußerungen generalisierter, beurteilender und anklagender. Sätze wie »Immer machst du …«, »Nie kümmerst du dich um …« halten Einzug.
- **Verachtung:** Hohn und Spott treten vermehrt auf. Gegebenenfalls auch Ironie und/oder Polemik. Sätze wie »Das glaubst du ja wohl selber nicht …«, »Wer es glaubt, wird selig …« und verächtliches Lachen werden häufiger. Die Verachtung kann sich auch in der Körpersprache zeigen, beispielsweise indem die Augen verdreht werden oder ein Elternteil genervt abwinkt.
- **Verteidigung:** Eng mit der Verachtung ist der dritte apokalyptische Reiter, die Verteidigung, verbunden. Die Partner fangen an, sich zu rechtfertigen, diese Rechtfertigungen beinhalten wiederum Kritik und Schuldzuweisungen. Die Kommunikation kann so zum Schlagabtausch von Vorwürfen, Kritik und Rechtfertigung werden. Sätze wie »Ich habe ja nur …«, »Aber du hast dafür …« treten auf.
- **Abblocken:** Als vierter apokalyptischer Reiter folgt das Abblocken. Interessanterweise beschreibt Gottman dieses Verhalten vor allem bei Männern. Dies sei darauf zurückzuführen, dass Männer durch äußere Einflüsse schneller physiolo-

gisch überfordert seien. Während Frauen noch gut argumentieren könnten, stünden Männer bereits an einem Punkt, an dem sie nicht mehr gut zuhören und mitdiskutieren könnten. Folglich neigten sie eher dazu, abzublocken. Das Abblocken hänge aber nicht nur damit zusammen. Es entstehe vielmehr aus einer Kombination von Negativität in den Interaktionen und einer hohen physiologischen Erregung beider Partner*innen. Das Tragische dabei sei, dass beide Partner in diesem Zustand die Rettungsversuche des jeweils anderen nur noch schwer wahrnehmen könnten und sich so leicht ein Teufelskreis etabliere.

Sehen Sie diese Stufen bitte als Alarmzeichen – bemerken Sie sie in Ihrem Familienalltag, können Sie sie als Aufforderung und Einladung betrachten, an Ihrem Konfliktverhalten und Ihrer Paarkommunikation zu arbeiten.

Vier typische Verhaltensweisen in Konflikten

Auch Virginia Satir, eine der Mütter der systemischen Familientherapie, hat vier typische Verhaltensweisen beschrieben, die Menschen in Konflikten zeigen: Anklagen, Rationalisieren, Beschwichtigen und Ablenken.

Man geht davon aus, dass wir alle diese Verhaltensweisen in unserem Repertoire haben, eine von ihnen aber aufgrund unserer Biografie unser hauptsächliches Konfliktverhalten beschreibt. Satir hat allen vier Konflikttypen auch eine Körperhaltung beziehungsweise ein körpersprachliches Bild, das sie Skulptur nannte, zugeteilt.

- **Der Ankläger:** Er folgt dem Motto: Angriff ist die beste Verteidigung! Ich mache lieber Vorwürfe, als dass ich auf mich schaue. Der Ankläger steht aufrecht und zeigt mit einer ausgestreckten Hand auf eine andere Person. Typische Sätze sind: »Aber du!«, »Du hast X oder Y falsch gemacht!«, »Wie konntest du nur?!« Wichtig ist, dass dieses Verhalten nicht als selbstbewusst gedeutet wird. Es ist vielmehr der Versuch, sich im Streit zu behaupten, obwohl man sich unsicher fühlt.

- **Der Rationalisierer:** Die Skulptur des Rationalisierers sitzt aufrecht mit geradem Rücken in Denkerpose da. Dieser Typ geht bei Konflikten sehr rational und analytisch vor und zeigt selten Gefühle. Typische Sätze wären: »Das ist typisch für unsere Streitigkeiten …«, »Ich habe die Situation analysiert, aus meiner Sicht geht es in unserem Streit um XYZ …« Die Analysen des Rationalisierers können durchaus hilfreich sein. Der blinde Fleck bei diesem Typus ist allerdings die fehlende Emotion. Denn unsere Paar- und Elternbeziehung beruht natürlich auf Gefühlen, und unsere Konflikte sind emotional.

- Sätze wie: »Da hast du natürlich recht!«, »Das habe ich nicht so gemeint!«, »Wenn du meinst …« gehören zum Typ des **Beschwichtigers.** Hier liegt die Strategie in der Deeskalation. Der andere Konfliktpartner soll bloß nicht ärgerlicher, sondern im Gegenteil besänftigt werden. Dieser Typus wird kniend mit einer nach oben ausgestreckten Hand dargestellt. In gewissem Sinne ist er das Gegenteil des Anklägers. Diese Muster können sich sehr stabil und ausdauernd ergänzen. Gleichzeitig kann das anhaltende Beschwichtigen das Gegenüber aber auch rasend machen und zu inneren Kommentaren wie »Jetzt zeig dich doch mal!«, »Mach dich spürbar!«, »Sag, was du denkst!« verleiten.

- Als vierten Typus gibt es noch den sogenannten **Ablenker.** Menschen mit diesem Muster springen von einem Thema zum anderen, sind körperlich unruhig und kommen nie zum Punkt. Nicht selten bleibt ihr Gegenüber mit einem Fragezeichen im Kopf zurück. Sie können sich vorstellen, dass die Skulptur zu diesem Typus dynamisch ist. Sie zappelt herum, gestikuliert, kommt nicht zur Ruhe. Typische Sätze sind: »Ich wollte nur sagen, dass …, aber bevor ich anfange, wollte ich noch fragen …« Auch dieses Muster hat wieder mindestens zwei Seiten. Ähnlich wie beim Beschwichtiger kann es Partner aufregen, dass sie Menschen mit diesem Typus als nicht greifbar erleben. Andererseits kann auch angenehm sein, wenn von Konflikten immer wieder abgelenkt wird, sodass man sie gar nicht erst austragen muss.

Keiner dieser Typen ist schlechter als der andere. Wir haben sie alle mehr oder weniger ausgeprägt in uns. Tragen wir unsere Konflikte jedoch mit diesen Konflikttypen in Reinform aus, werden wir schwer zu einem konstruktiven Miteinander kommen.

Wie Kongruenz uns helfen kann

Virginia Satir stellt uns noch ein weiteres wesentliches Merkmal von Kommunikation vor: Kongruenz. **Kongruent sind Menschen, bei denen Körpersprache, Mimik, Intonation und die gesprochenen Wörter übereinstimmen.** Wenn man also mit lauter Stimme »Stopp!« ruft und dazu auf den Boden stampft, wäre dies kongruent. Ebenso wäre es kongruent, dass unsere Stimme brüchig wird und wir weinen müssen, wenn wir von Verletzungen oder Enttäuschungen sprechen. In Bezug auf das kongruente Kommunizieren gilt: Was für manche sehr einfach ist, ist für andere eine große Herausforderung – gerade wenn man nicht mit einer solchen Kommunikationsweise aufgewachsen ist.

Meiner Erfahrung nach ist es gerade für Elternteile, die sich schon sehr lange und heftig streiten, besonders schwierig, sich auf kongruente Kommunikation einzulassen, da sie fürchten, dass alles, was sie sagen, gegen sie verwendet werden könnte. Möglichst kongruent zu kommunizieren, bietet aber jede Menge Chancen. Sie können sich als Paar wieder näherkommen, da Sie sich spürbarer machen, vor allem wenn Sie nicht nur »harte« Emotionen wie Wut und Ärger zulassen und zeigen. Denn gerade wenn wir authentisch »weiche« Gefühle wie beispielsweise Trauer oder Sehnsucht zeigen, helfen diese auch unserem Gegenüber, »weicher« zu werden und auf uns einzugehen. Nicht umsonst finden wir authentische Personen oft besonders sympathisch. Bei ihnen wissen wir, woran wir sind. Auch mit unseren Kindern können Sie versuchen, möglichst kongruent zu kommunizieren. Viele Kinder haben gute Antennen dafür, wie es ihren Eltern wirklich geht und wann sie ihnen nur etwas vorspielen. Daher können Sätze wie: »Ja, das stimmt, ich war ein bisschen traurig nach dem Streit. Das hast du schon ganz richtig mitbekommen, aber ich komme auch ganz gut mit meiner Traurigkeit zurecht und halte sie auch ganz gut aus. Jetzt muss ich halt noch einmal mit Mama/Papa darüber sprechen, damit wir das wieder aus der Welt schaffen.« Wichtig für unsere Kinder ist, dass wir ihnen das Gefühl geben, gut für uns selbst sorgen zu können. Sonst besteht die Gefahr, dass sich die Rollen umkehren und unsere Kinder versuchen, uns zu versorgen.

Kennen Sie Ihr Eskalationsmuster?

Wie wir alle wissen, wird nicht jeder Konflikt so heftig, dass man gleich von einem Schlachtfeld sprechen muss. Dafür braucht es eine dauerhafte Eskalation. Paul Watzlawick[20] unterschied zwischen symmetrischer und komplementärer Kommunikation, und genauso können wir auch eskalieren: symmetrisch und komplementär. Die symmetrische Eskalation ist uns allen wahrscheinlich eher geläufig. Sie läuft folgendermaßen ab: Eine Konfliktpartei wird laut, daraufhin wird die andere Konfliktpartei ebenfalls laut, woraufhin die erste Konfliktpartei lauter wird und die zweite Konfliktpartei wiederum versucht, den Partner zu übertrumpfen. Dieses Spiel kann lange fortgesetzt und immer wieder neu begonnen werden. Dieses Muster entspricht natürlich einem Lösungsversuch erster Ordnung: Es ist der Versuch, ein Problem durch »mehr desselben« (lauter werden) zu lösen. Dieser Lösungsversuch setzt aber auch voraus, dass die Konfliktparteien zumindest annähernd auf Augenhöhe sind. Diese Art und Weise, zu eskalieren, funktioniert übrigens auch bei kalten Konflikten: Eine Konfliktpartei spricht weniger mit der anderen, woraufhin sich diese ebenfalls zurückzieht, sodass die erste Konfliktpartei die Kommunikation weiter reduziert ... auch diese Kaskade kann sehr lange weitergeführt werden, bis über lange Zeit niemand mehr miteinander spricht. Das Konfliktverhalten ist symmetrisch beziehungsweise spiegelt sich.

Die komplementäre Eskalation sieht folgendermaßen aus: Eine Konfliktpartei wird laut, woraufhin die zweite leiser wird, die erste Konfliktpartei wird daraufhin noch einmal lauter, strenger oder heftiger, die zweite Konfliktpartei folgt erneut ihrem Mustern und zieht sich noch mehr zurück ... Bei dieser Eskalationsform spielen oft Machtunterschiede eine Rolle.

Lassen Sie mich für beide Eskalationsmuster Beispiele nennen:

- Ich erinnere mich an Eltern, die komplementär eskalierten. Der eine Elternteil hatte in dieser Beziehung die »Definitionsmacht«. Er bestimmte, was gut, hilfreich, schlecht, schön, gesund usw.

ist. Unter anderem definierte er, was eingekauft werden soll, welche Kleidung geeignet oder gut war. Bemühte sich der zweite Elternteil, den Definitionen und Anforderungen des ersten Elternteils gerecht zu werden, fand dieser immer etwas auszusetzen. War beispielsweise das Material eines Kleidungsstücks »richtig«, wurde die Farbe als »falsch« bewertet. Kurz: Die Kriterien konnten jederzeit geändert werden, weil die Definitionsmacht nur bei einem Elternteil lag. Es entstand ein ziemlich stabiler und destruktiver Teufelskreis. Eine Veränderung konnte erst stattfinden, als der zweite Elternteil anfing, die Definitionsmacht des ersten zu hinterfragen und sich Stück für Stück auf Augenhöhe zu begeben. Der definierende Elternteil musste sich in dieser Konstellation irgendwann eingestehen, dass er sein Bedürfnis nach Kontrolle destruktiv auslebte. Er erhöhte seinen Selbstwert, indem er den des zweiten Elternteils torpedierte. Der untere Teil des Eisbergs dieses Paares bestand also zu einem ganz großen Teil aus Machtfragen, Kontrollbedürfnissen und Selbstwertthemen. Dies verhinderte, dass die beiden Elternteile ihren Fokus auf ein gutes Miteinander legen konnten. **Denn sobald Machtkämpfe ausgetragen werden, verliert immer die Beziehung.**

• Die Beziehung verlor auch in einer anderen Familie. Hier hatten sich die Eltern symmetrisch nach oben eskaliert. Keiner der beiden wollte nachgeben. Anders als im ersten Beispiel war es hier so: Ein Elternteil hatte zwar die Definitionsmacht, der andere ging aber immer wieder in die Handlungsmacht. Das zeigte sich folgendermaßen: Ein Elternteil versuchte, die Standards zu definieren – der andere machte, was er für richtig hielt. Es folgte eine regelrechte Kaskade von immer stärkeren Definitionen und Regeln auf der einen Seite und des immer stärkeren »Ich mach es, wie ich es will!« auf der anderen Seite. Spätestens als beide das Gefühl hatten, dass sie nicht mehr ohne Gesichtsverlust aus der Sache herauskommen würden, waren sie zu Gefangenen ihres eigenen Musters geworden. Eine Lösungsmöglichkeit springt bei dieser Konstellation natürlich ins Auge: »Über den eigenen Schatten springen und den ersten Schritt auf den anderen zugehen.« Da beide Elternteile sehr stolze Menschen waren, fiel ihnen dies allerdings extrem schwer. Infolgedessen entfernten sie sich weit voneinander. Unterhalb der Wasseroberfläche bestand der Eisberg bei diesem Paar also aus Stolz, einer gewissen Sturheit und dem Glaubenssatz, dass man sein Gesicht nicht verlieren darf. Symmetrisch wurde die Eskalation, da beide sehr unterschiedliche Fähigkeiten hatten (Definieren vs. Handeln), die ein »Machtgleichgewicht« herstellten, aber auch verhinderten, dass sie wirklich an einer Befriedung und Lösung arbeiteten. Das gemeinsame Kind stresste diese Situation, besonders als sie sich immer weiter zuspitzte. Es zog sich immer mehr zurück, wurde stiller und spielte im Kindergarten weniger mit seinen Freund*innen. Schließlich sprachen die Erzieher*innen die Eltern auf die Situation an. Dieses Gespräch war der Auslöser dafür, dass sich die Eltern in Beratung begaben und die Motivation entwickelten, über den eigenen Schatten zu springen.

Wie ist das bei Ihnen?

- Welche Konfliktmuster kennen Sie aus Ihrer Herkunftsfamilie und aus vorangegangen Beziehungen?
- Welches Konfliktmuster springt heute bei Ihnen »automatisch« als erster Reflex an? Welches bei Ihrem*r Partner*in?
- Wenn Sie einen stillen Beobachter zu Hause hätten, was würde er Ihnen empfehlen, um aus Ihrem Konfliktmuster auszusteigen

beziehungsweise konstruktiver zu werden? Welche Ressourcen und Stärken würde er entdecken und welche Tipps könnte er Ihnen geben, damit Sie diese Stärken noch besser nutzen können?

- Welches Feedback würde Ihr Kind Ihnen geben? Was fände es an Ihrer Art zu streiten gut, was stresst es?

An diesen Beispielen wird klar, wie wichtig es ist, früh und möglichst präventiv auf Streitthemen einzugehen, die das Potenzial haben, heftig zu eskalieren. Als Paar sind unsere Beziehung, unsere Bindung und unsere Liebe das Fundament, auf dem wir unser Zusammenleben aufbauen. Eine konstruktive Streitkultur ist ein wichtiger Teil eines stabilen Fundaments, sonst bringen die kleinen und großen Stürme des Alltags unser Haus allzu leicht zum Einstürzen. Das ist besonders wichtig, da unsere Kinder ja »Mitbewohner« in unseren »Beziehungshäusern« sind und wir uns für sie wünschen, dass sie sich sicher und geborgen fühlen. Damit wir die Stürme gemeinsam überstehen, sind manchmal auch Friedensangebote notwendig.

Was echte Friedensangebote auszeichnet

Was ist mit »echten Friedensangeboten« gemeint? Über diese sagte der Wiener Mediator Ed Watzke auf einer Fortbildung: **»Ein echtes Friedensangebot erkennt man daran, dass es wehtut!«** In einer Familie, in der sehr viel und sehr emotional über das Hobby eines Elternteils gestritten wurde, sahen die Friedensangebote beispielsweise so aus, dass der eine Elternteil seine Zeit für das Hobby reduzierte und der andere sich dafür versuchsweise auf das ungeliebte Hobby des anderen einließ, damit sie mehr gemeinsame Zeit haben würden. Solche Friedensangebote meinen, dass man die Eskalationen beendet und für die gemeinsame Beziehung über den eigenen Schatten springt oder, wie es in der Politik manchmal heißt: die eine oder andere Kröte schluckt. Und das gilt für beide Parteien. Daher kann ich auch dem Motto (das, soweit ich weiß, ebenfalls von Ed Watzke stammt) nur zustimmen: »Frieden heißt nicht ›Win-win‹, sondern ›Pay-pay‹.« Oder wie Hape Kerkeling in seiner Rolle als Paartherapeutin immer sagte: »Liebe ist Arbeit, Arbeit, Arbeit!« Aber sie lohnt sich!

In diesem Sinne ist auch die folgende Übung zu verstehen. Sie besteht aus vielen Fragen für Sie und Ihre*n Partner*in, die dabei helfen können, wenn Sie aus einer Eskalation aussteigen wollen.

Aus einer Eskalation aussteigen

1. Treten Sie innerlich einen Schritt von Ihren Konflikten zurück und versuchen Sie, Ihr Eskalationsmuster zu erkennen! Ist es komplementär, lesen Sie unter Punkt 2 weiter, ist es symmetrisch, lesen Sie bitte bei Punkt 3 weiter!
2. Eskalieren Sie komplementär?
   - Geht es Ihnen darum, Machtunterschiede auszugleichen?
     - Worin bestehen diese (Geld, Besitz, Kompetenz, Sprachfertigkeit, größerem Netzwerk ...)?
     - Hat jemand von Ihnen die Definitionsmacht? Wer geht in die Handlungsmacht?
     - Welchen Beitrag kann jeder auf seiner Seite dafür leisten, diese auszugleichen?
     - Machen Sie sich gegenseitig echte »Friedensangebote«.

- Geben Sie sich Feedback, welche Verhaltensverän-
  derungen des jeweils anderen Ihnen dabei helfen,
  aus der Eskalation auszusteigen.
- Sind sie beide bereit dafür, sich ernst zu nehmen
  und an den eigenen Anteilen für die Konflikte beziehungsweise für destruktive Streitgespräche zu
  arbeiten?
- Wie schaffen Sie es, Ihren Fokus wieder auf Ihre Beziehung zu legen?
  - Was brauchen Sie vom anderen dafür?
- Weiter geht es bei 4.

3. Eskalieren Sie symmetrisch?
- Was liegt unterhalb Ihrer jeweiligen Eisberge?
- Was kann jeder von Ihnen dazu beitragen, dass Sie aus
  der Eskalation aussteigen?
- Machen Sie sich gegenseitig echte »Friedensangebote«.
- Geben Sie sich Feedback, welche Verhaltensverände-
  rungen des jeweils anderen Ihnen dabei helfen, aus der
  Eskalation auszusteigen.
  - Sind Sie beide bereit dafür, sich ernst zu nehmen
    und an den eigenen Anteilen für die Konflikte be-
    ziehungsweise für destruktive Streitgespräche zu
    arbeiten?
- Weiter geht es bei 4.

4. Egal welches Eskalationsmuster Sie sich zuschreiben – das
   folgende Gedankenspiel können Sie gern gemeinsam machen. Es kann dabei helfen, die »Problembrille« abzuset-
   zen und aus der »Problemtrance« aufzutauchen, sodass Sie
   ein Licht am Ende des Tunnels sehen können. Ich stelle Ihnen drei Varianten vor – suchen Sie sich die aus, die Ihnen
   am meisten zusagt, oder kreieren Sie auch gern eine eigene

neue Version! Ein wenig Zeit und Ruhe werden Sie aber immer brauchen.

- Variante 1: Sie machen die Übung alleine und gehen die folgenden Fragen für sich alleine durch. (Diese Variante ist vor allem dann gut, wenn Sie bereits neugierig geworden sind und loslegen wollen oder auch wenn Sie skeptisch sind, ob sich Ihr*e Partner*in auf diese Übung einlassen würde beziehungsweise ob sie konstruktiv verlaufen würde.)
- Variante 2: Sie machen die Übung zusammen, gehen die folgenden Fragen für sich alleine durch und besprechen im Anschluss Ihre Gedanken. (Diese Variante ist vor allem dann sinnvoll, wenn Sie sich beide in Ruhe Ihre Gedanken machen wollen oder gespannt sind, auf welche Ideen Ihr*e Partner*in kommt, ohne dass Sie sich gegenseitig beeinflussen, oder wenn Sie sich zuerst für Variante eins entschieden haben, aber dennoch neugierig sind, was Ihr*e Partner*in sich vorstellen könnte.)
- Variante 3: Sie gehen die Fragen von Anfang an zusammen durch und besprechen sie gemeinsam. (Diese Variante kann dann Spaß machen, wenn Sie Lust darauf haben, gemeinsam die »mögliche Zukunft« zu erkunden.)

Für Variante 2 und 3 ist wichtig, dass es kein Richtig und Falsch gibt. Eine hilfreiche innere Haltung könnte sein, einfach neugierig aufeinander zu sein und sich überraschen zu lassen. Kommen Sie zu unterschiedlichen Ergebnissen, kann es spannend sein, diesen Unterschieden auf den Grund zu gehen und ein wenig Ursachenforschung zu betreiben.

Nun die Fragen für das Gedankenspiel:

- Was wäre **morgen** anders, wenn Sie all Ihre Ideen, wie Sie aus Ihrem Konfliktmuster aussteigen können, umgesetzt hätten? Woran merken Sie, dass sich etwas verändert hat? Wie fühlen sich die Veränderungen an? Wie reagieren Ihre Kinder auf Ihr neues Verhalten?
- Was hat sich in **sechs Wochen** verändert, wenn Sie weiter alles umsetzen, was Sie sich vorgenommen haben? Woran merken Sie, dass sich etwas verändert hat? Wie fühlen sich die Veränderungen an? Wie reagieren Ihre Kinder auf Ihr neues Verhalten? Wie geht es Ihnen einzeln und als Paar?
- Was ist in **sechs Monaten** anders, wenn Sie weiter alles umsetzen, was Sie sich vorgenommen haben? Woran merken Sie, dass sich etwas verändert hat? Wie fühlen sich die Veränderungen an? Wie reagieren Ihre Kinder auf Ihr neues Verhalten? Wie geht es Ihnen einzeln und als Paar?
- Was ist in **einem Jahr** anders, wenn Sie weiter alles umsetzen, was Sie sich vorgenommen haben? Woran merken Sie, dass sich etwas verändert hat? Wie fühlen sich die Veränderungen an? Wie reagieren Ihre Kinder auf Ihr neues Verhalten? Wie geht es Ihnen einzeln und als Paar?

Von Stufen und Kipppunkten

Um Ihnen hinsichtlich Streit-Etappen noch mehr Klarheit und Orientierung zu geben, möchte ich kurz auf die neun Konfliktstufen von Friedrich Glasl[21] eingehen. Der Konfliktforscher und

Ökonom hat beschrieben, wie Konflikte in neun Stufen stark eskalieren können. Diese neun Stufen möchte ich Ihnen nicht im Detail vorstellen. Sein gröberes Raster, das Konflikte in drei Ebenen einteilt, hingegen schon. Laut Glasl gibt es nämlich drei verschiedene Möglichkeiten, Konflikte zu lösen: als Win-win-, als Win-lose- und als Lose-lose-Situation.

Solange Konflikte nicht stark eskaliert sind, können beide Konfliktparteien erhobenen Hauptes mit einer guten Lösung aus dem Streit heraustreten.

Ist die Eskalation so weit fortgeschritten, dass man, anstatt miteinander zu reden, handelt, also dem Motto »Taten statt Worte« folgt, kommt der Kipppunkt zu Win-lose-Situationen. Man hat nun das Gefühl, Verbündete finden zu müssen (oder die andere Konfliktpartei beginnt, sich mit Dritten zu verbünden). Die Sorge vor einem Gesichtsverlust wird zentral, es muss also einen klaren Gewinner und einen Verlierer geben. Für die Beziehung bedeutet das einen erheblichen Verlust, weil der Eisberg wächst. Spätestens hier enden nach Glasl auch die Möglichkeiten der Selbsthilfe, und man braucht die Hilfe Dritter, um nicht weiter zu eskalieren. **Dies bedeutet für Sie, dass Sie spätestens dann eine Konfliktberatung aufsuchen sollten, wenn Sie das Gefühl haben, dass Reden nicht mehr weiterhilft. Das Gefühl, sich Verbündete suchen zu wollen oder zu müssen, ist ebenfalls ein Zeichen dafür, dass Sie an einem kritischen Punkt angekommen sind.**

Auch für Ihre Kinder ist dies ein Kipppunkt, denn nun müssen sie sich zunehmend entscheiden, zu wem sie halten oder wie sie sich aus den Konflikten heraushalten können, weil der Druck, sich auf die Seite eines Elternteils stellen zu müssen, zunimmt. Es macht Kindern keinen Spaß, zu sehen, dass einer ihrer Eltern sein Gesicht verliert, dumm dasteht oder schwach wirkt. Besonders wenn ein anderer Mensch, den sie lieben, nämlich der andere

Elternteil, dies verursacht hat. Versuchen Sie also, diesen Punkt nicht zu überschreiten!

Der nächste schwierige Punkt ist erreicht, wenn zwei Konfliktparteien einander drohen und vielleicht sogar versuchen, sich darin zu überbieten. Nun betritt man die Lose-lose-Ebene, auf der es nur mehr darum geht, dem anderen zu schaden. Die Beziehung wird davon zerrüttet, die Kinder wohnen, wie eingangs zitiert, in einem Zuhause, das sich anfühlt wie ein »Schlachtfeld«. Das kann für die Entwicklung der Kinder sehr negative Folgen haben. An diesem Punkt kommen auch psychosoziale Methoden wie Mediation an die Grenzen ihrer Möglichkeiten, und es kann sein, dass es Entscheidungen von Dritten, wie dem Familiengericht, braucht.

Wie ist das bei Ihnen?

- Wenn Sie an sich und Ihre Konflikte denken, auf welcher der drei Ebenen Win-win, Win-lose, Lose-lose würden Sie sich einstufen?
- Fürchten Sie, dass Ihre Kinder bereits Druck spüren, sich auf die Seite eines Elternteils schlagen zu müssen?
- Wie war das in Ihrer Herkunftsfamilie? Bis zu welcher Ebene wurden Konflikte dort eskaliert? Wie ging es Ihnen damit als Kind?

Vorsicht – das nährt den Konflikt!

Ich möchte Ihnen noch ein paar Eskalationsmechanismen genauer vorstellen, sodass Sie weiter dafür sensibilisiert werden, an welchen Stellen Sie aufpassen müssen. Arist von Schlippe[22], hat sich damit auseinandergesetzt, welche psychologischen Prozesse ablaufen, wenn Konflikte heftig eskalieren. Er benennt dabei verschiedene psychologische Faktoren, die diese Eskalationen begünstigen:

- Verletztes Gerechtigkeitsempfinden
- Wahrnehmungsfehler
- Der Konflikt als Parasit
- Dangerous ideas – gefährliche Gedanken

Anhand der folgenden Erklärungen können Sie mögliche destruktive Facetten in Ihrer Streitkultur entdecken und die Spielregeln so ändern, dass Ihre Kommunikation konstruktiver wird.

Verletztes Gerechtigkeitsempfinden

Verhalten sich Menschen so, dass sie unsere Wertvorstellungen stark angreifen, ist das oft der Nährboden für eine heftige Eskalation. Von Schlippe nennt als Faustregel: »Je stärker die Empörung, desto größer die Verletzung«, und beschreibt, dass wir, wenn wir uns extrem hilflos oder ohnmächtig fühlen, in eine »Affektlogik« verfallen, weil diese uns dabei hilft, unser Ohnmachtsempfinden zu verringern. Das bedeutet, dass wir verstärkt vereinfachende Denkmuster anwenden und die Welt in ein »Entweder-oder«, »Schwarz oder Weiß«, »Gut oder Böse« einteilen. Diese Vereinfachung gibt uns das Gefühl, unsere Umwelt einschätzen und beeinflussen zu können. Eine mögliche Schlussfolgerung aus einer Verletzung könnte so aussehen: »Wenn jemand sich so krass mir gegenüber verhält, dann müssen alle anderen sehen, was das für ein Mensch ist, und zu mir halten. Wer das nicht tut, ist genauso verkommen.«

Wahrnehmungsfehler

Auf Kränkungen und Empörungen können zwei Wahrnehmungsfehler wunderbar aufbauen: der fundamentale und der feindselige Wahrnehmungsfehler.

Beim fundamentalen Wahrnehmungsfehler unterstellen wir unserem Konfliktgegner, dass er tut, was er tut, weil sein Charakter eben so sei. Unser Konfliktverhalten erklären wir hingegen durch die äußeren Umstände. Wir würden also dazu gezwungen, uns so zu verhalten, und müssten mitstreiten, weil es unter diesen Umständen ja gar nicht anders ginge. Es entsteht eine »Wirklichkeitskonstruktion«, in der wir uns selbst als Opfer der Umstände sehen, der anderen Konfliktpartei aber zuschreiben, dass sie den Streit sucht, weil es ihr Naturell ist. Wir sehen uns hier als Unschuldige, die sich nur zu gerne anders verhalten würden, wenn wir es nur könnten. Damit haben wir unser Verhalten auch moralisch gerechtfertigt und die andere Seite verdammt.

Den feindseligen Wahrnehmungs- beziehungsweise Attributionsfehler begehen wir immer dann, wenn wir Menschen eine schlechte Intention und/oder Feindseligkeiten unterstellen. Wir unterstellen also allen Handlungen der »Gegenseite« eine böse Absicht, beispielsweise dass sie uns schaden will oder dass sie nur taktisch agiert, wenn sie freundlich ist etc. Alternative Erklärungen suchen wir nicht mehr. Wenn wir so denken, ist zuvor natürlich schon viel Vertrauen verloren gegangen, und wir sind anderen gegenüber höchst skeptisch. Eskalationen können sich durch dieses Verhalten weiter aufschaukeln. Ringt sich etwa eine Konfliktpartei zu einem Friedensangebot durch und die andere nimmt dieses nicht ernst oder wertet es sogar als verkappten Angriff, kann dies die nächste Kränkung nach sich ziehen und motiviert nicht dazu, sich weiter für eine Deeskalation zu engagieren. Wendet eine Konfliktpartei nun auch noch den fundamentalen

Wahrnehmungsfehler an und unterstellt der anderen Konflikt-partei einen schlechten Charakter, wird ein Teufelskreis befeuert.

Der Konflikt als Parasit

Diese Metapher habe ich bereits eingangs schon einmal er-wähnt. Sie basiert darauf, dass Konflikte sich wie Parasiten auf die Kommunikation setzen, zu wuchern beginnen und so die nicht konflikthaften Anteile der Kommunikation mehr und mehr verdrängen. Der Umgangston wird also immer rauer, und die Freundlichkeit und die liebevollen Momente nehmen ab. Das kann man in Schulklassen, bei Paaren, zwischen Parteien und lei-der auch in der internationalen Politik beobachten. Schon in ganz normalen Situationen kann sich der Konflikt einnisten, wenn bei-spielsweise auf eine Frage wie: »Würdest du mir meine Jacke mit-bringen?«, mit: »Bin ich dein Dienstbote, oder was?«, geantwortet wird. Schafft man es also nicht, Konflikte frühzeitig zu befrieden oder zu klären, steigt die Gefahr, dass sie Stück für Stück die ge-samte Paar- und Elternkommunikation überwuchern. Je mehr das geschieht, desto weniger haben die meisten Eltern ihre Kinder im Blick, weil zu viel Energie und Aufmerksamkeit auf das »Feind-bild« aufgewandt wird.

Gefährliche Gedanken

Neben den Wahrnehmungsfehlern beschreibt von Schlippe auch Phänomene, die er »gefährliche Gedanken« nennt. Hierzu gehört das totalitäre Denken. **Folgt man der Affektlogik und bleibt in einem »Schwarz oder Weiß«, »Gut oder Böse«, »für oder gegen mich« hängen, reduziert man die Komplexität unserer Realität auf eine gefährliche Art und Weise.** Es gibt keine Ambivalenzen, keine Grautöne mehr, sondern nur noch »gewinnen oder verlie-ren«. So kann man auch die Persönlichkeit seines Gegenübers mit all seinen unterschiedlichen Seiten nicht mehr differenziert wahrnehmen. Man umgibt sich dann konsequenterweise nur noch mit anderen Menschen, die denken wie man selbst, und landet mehr und mehr in einer Echokammer.

Ein weiterer gefährlicher Gedanke ist der Glaube daran, andere Menschen kontrollieren zu können. Man kann so in der Fantasie leben, dass alles besser oder gut werden würde, wenn wir nur das Verhalten des anderen im Griff hätten. Tatsächlich ist das aber unmöglich. **Wir sind alle autonome Wesen und lassen uns nicht fremdsteuern.** Das Einzige, was wir tun können, ist, zu versuchen, durch unser Handeln andere dazu zu inspirieren, sich anders zu verhalten oder sich unserem Verhalten anzuschließen. Wie Mahatma Gandhi sagte: »Be the change you want to see in the world.«

Wirksame »Gegengifte«

Ein wirksames Gegengift gegen Eskalationen besteht darin, nicht damit einverstanden zu sein, die Streitigkeiten auf die Spitze zu treiben. Kennt man die »Spielregeln«, nach denen sich der Parasit ausbreitet, dann kann man zumindest seine Geschwindigkeit reduzieren oder ihn gar ganz ausbremsen. **Wollen Sie einen Streit also nicht komplett eskalieren lassen, prüfen Sie, ob Ihre Gedanken von Wahrnehmungsfehlern geprägt sind:**

- Sehen Sie andere Menschen generell als vielschichtig an. Unterstellen Sie ihnen, dass sie verschiedene Persönlichkeitsanteile beziehungsweise ein inneres Team haben. Gehen wir nämlich davon aus, dass jeder Mensch eine vielfältige Persönlichkeit hat und unterschiedliche Stimmen in sich trägt, die durchaus widersprüchlich sein können, ist es schwieriger, diese Menschen für dumm, böse oder krank zu halten. Mit diesem Menschenbild ist es viel sinnvoller, sich zu überlegen, warum sich ein feindseliges Orchester gebildet hat und wie man den konstruktiveren Teilen des Gegenübers wieder auf die innere Bühne verhelfen könnte.

- Gestehen Sie anderen zu, dass ihre Handlungen aus subjektiver Sicht einen Sinn ergeben. Wenn Sie versuchen, diesen zu erahnen, stellen Sie nie nur eine, sondern immer mehrere Hypothesen über die Motivation des anderen auf. Sonst neigen wir Menschen dazu, Informationen, die wir bekommen, so zu filtern, dass sie unsere Hypothesen bestätigen, und halten Konflikte damit am Leben. Informationen, die nicht zu unserer Annahme passen, ignorieren wir häufig oder werten sie ab, um sie nicht beachten zu müssen.

- Prüfen Sie Ihre eigenen inneren Erklärungen hinsichtlich der Wahrnehmungsfehler. Versuchen Sie, Ihre Handlungen und die Ihres Gegenübers auf die gleiche Weise zu erklären, beispielsweise durch eine Mischung aus äußeren Umständen und der Persönlichkeit.

- Überlegen Sie, wie weit das Vertrauen in Ihr Gegenüber noch hält. Erinnern Sie sich daran, dass nicht jede Handlung Ihres Gegenübers feindselig sein muss. Bis wohin ist Ihre Skepsis berechtigt, wann schießt sie über das Ziel hinaus?

- Sind Sie entschlossen, Konflikte zu entspannen, versuchen Sie, mit Kränkungen so konstruktiv wie möglich umzugehen. Dazu gehört beispielsweise, nicht den ersten Racheimpulsen zu folgen. Prüfen Sie, welche Folgen Ihr Handeln für Ihre Kinder haben könnte. Versuchen Sie, bei sich selbst zu bleiben, und sprechen Sie mit einem vertrauten Menschen darüber, was Sie brauchen, damit in Ihnen wieder das Gefühl von Gerechtigkeit oder Ausgeglichenheit entsteht. Falls es Ihnen hilft, können Sie natürlich auch schimpfen und Dampf ablassen, aber bitte so, dass Ihre Kinder das nicht mitbekommen.

• Versuchen Sie, herauszufinden, worum es in diesem Streit für Sie wirklich geht. Was sind Ihre (Kern-)Anliegen? Versuchen Sie, Ihr Ziel, Ihre eigene Meinung, Wahrnehmung und Weltsicht klar darzustellen und für sich und die eigenen Überzeugungen einzustehen.

• Versuchen Sie, Ihren blinden Fleck zu entdecken und herauszufinden, welche Anteile Sie an der Streitsituation haben.

Als Gegenentwurf zur Eskalation haben Arist von Schlippe und seine Kollegen den Begriff der »tragischen Weltsicht« geprägt. Ich finde diese Vorstellung sehr passend: Manchmal ist es einfach tragisch, dass man in einem Punkt unterschiedliche Meinungen oder Bedürfnisse hat. Es ist bestimmt auch sinnvoll, zu versuchen, an diesem Zustand etwas zu ändern. Funktioniert aber keiner der Lösungsversuche, ist es manchmal besser, die Unterschiedlichkeit anzunehmen, als einen endlosen Kampf zu führen, in dem man sich aufreibt und unter dem die Beziehung leidet. **Es kann befreiend sein, einfach zu betrauern, dass es gerade keine gute Lösung gibt.** Genau das kann auch neue Perspektiven eröffnen. Beispielsweise indem man seinen Fokus weitet oder ändert und nicht mehr nach dem guten Kompromiss sucht, der alle glücklich macht, sondern überlegt, wie die unterschiedlichen Standpunkte gut nebeneinander existieren können.

Deeskalieren mit GRIT

Zu eskalieren ist relativ leicht. Deeskalieren ist hingegen schwerer, aber umso wichtiger. Daher brauchen wir immer wieder Ansätze, wie wir Eskalationen verhindern und ihnen glaubwürdig entgegentreten können. Einer dieser Ansätze ist die GRIT-Methode. Aufgeschlüsselt klingt Grit sehr abstrakt, die Anfangsbuchstaben stehen für *Graduated and reciprocated initiatives in tension-reduction* (Gestaffelte und wiederholte Initiativen zur Spannungsreduzierung). Hinter dieser Beschreibung verbirgt sich eine Abfolge von Handlungen zur Deeskalation, die von dem Psychologen Charles E. Osgood[23] entwickelt wurde. Mithilfe seines Vorgehens kann man unabhängig von der Gegenseite versuchen, Spannungen zu reduzieren, ohne darauf zu verzichten, für sich selbst einzustehen. Hier die Abfolge[24]:

1. Sie überlegen sich drei Möglichkeiten, wie Sie aus eigener Kraft zur Entspannung des Konflikts beitragen können. Sortieren Sie diese Maßnahmen so, dass die Gegenpartei diese als Steigerung erleben kann. Die Schritte müssen nicht riesig sein, aber bemerkt werden können. Vielleicht können Sie die Regel, dass Friedensangebote ein bisschen wehtun müssen, hier anwenden.

2. Der zweite Schritt besteht darin, die Maßnahme, die Sie sich überlegt haben, zu verkünden, gegebenenfalls auch vor Publikum. Dabei laden Sie die andere Partei dazu ein, ebenfalls einen solchen Schritt zu gehen. Wichtig dabei ist: Einladungen können angenommen oder ausgeschlagen werden. Auch wenn die andere Seite nicht auf Ihre Einladung reagiert, ist es wichtig, dass Sie Ihren Plan weiterverfolgen.

3. Jetzt geht es an die Umsetzung. Sie beginnen, Ihre Maßnahme in die Tat umzusetzen. Falls der andere Elternteil dies auf irgendeine Art und Weise feindselig betrachtet oder Ihr Unterfangen torpediert, sollten Sie sich nicht beirren lassen. Sie dürfen gerne protestieren, Ihre Intention noch einmal betonen und weiterhin ihrem Plan folgen.

4. Sie kündigen eine zweite Maßnahme an, und zwar genauso, wie Sie dies mit der ersten getan haben, und laden die andere Seite erneut ein, sich eine Aktion im gleichen Sinne zu überlegen und durchzuführen.

5. Sie bleiben Ihrem Plan treu; auch wenn die Gegenseite unfreundlich oder feindselig reagiert, bleiben Sie bei Ihrer Intention.

6. Nun nehmen Sie sich eine dritte Maßnahme vor. Dieses Vorgehen können Sie nun immer weiter fortsetzen.

Indem Sie Ihre Intention unbeirrt wiederholen, steigt auch die Wahrscheinlichkeit, dass Sie als vertrauenswürdig wahrgenommen werden. Zudem wird es immer schwieriger, sich feindselig und unfreundlich Ihnen gegenüber zu verhalten. Freundlichkeit und deeskalierendes Verhalten können im besten Fall sogar anstecken.

Beispiel: Deeskalieren
In diesem Beispiel, mit dem ich GRIT anschaulicher machen will, haben sich Konflikte in einer Familie schon stark ausgebreitet. Bereits bei Kleinigkeiten reagieren die Eltern mit Polemik und verbalen Spitzen auf die Fragen des jeweils anderen. Die Eltern verhalten sich unfair und gehen sehr abwertend miteinander um. Die intensivsten Konflikte betreffen die Aufgabenverteilung zwischen den Eltern, hinzu kommt eine ge-

wisse Konkurrenz darum, wessen Karriere wichtiger sei. Dies zeigt sich vor allem dann, wenn die Kinder krank werden und es darum geht, wer zu Hause bleiben und sie versorgen soll. In diesen Fällen streiten die Eltern morgens auch vor den (kranken) Kindern. Einer der Elternteile beschließt, etwas zu ändern und die GRIT-Methode anzuwenden. Seine erste Maßnahme ist der Versuch, Konflikte vor den Kindern zu vermeiden. Künftig will er Diskussionen, die in eine Eskalation ausarten können, verlassen. Als zweiten Schritt plant er an, eine Beratungsstelle aufzusuchen, um etwas dafür zu tun, damit sich die Situation in der Familie verbessert. Er möchte alle übrigen Familienmitglieder dazu einladen, mitzukommen. Bei der dritten Maßnahme tut sich der Elternteil schon schwerer. Insgeheim hofft er auf Impulse aus der Beratung, weil bisher kein Lösungsversuch nachhaltig funktioniert hat. Zudem fühlt er bei vielen Themen eine gewisse Abhängigkeit von seinem*r Partner*in. Trotzdem gelingt es ihm, eine weitere Maßnahme zu finden: Er plant, schwierige Themen künftig nur noch außerhalb der Wohnung zu besprechen. Also bei einem Spaziergang oder im Café. Das ist realistisch, weil die Kinder alt genug sind, um auch mal alleine zu bleiben. Außerdem ist es beiden Eltern peinlich, in der Öffentlichkeit zu streiten, daher könnte diese Maßnahme tatsächlich eine Verbesserung in Form einer Disziplinierung darstellen.

Für den Fall, dass Widerstand oder Feindseligkeit aufkommt, sucht sich der Elternteil ein Mantra, das er wiederholen kann, um bei seiner Linie zu bleiben. Er wählt die folgenden Sätze: »Ich will die Konflikte in unserer Familie reduzieren, daher ziehe ich meine Maßnahmen durch. Ich will die Konflikte in unserer Familie reduzieren, daher steige ich jetzt in keine

Diskussion ein.« Auch für die erste Maßnahme, also die Diskussion zu verlassen, wenn es kritisch wird, überlegt sich der Elternteil einen Satz: »Ich gehe jetzt raus, um die Situation nicht weiter zu eskalieren. Das heißt nicht, dass ich nachgebe oder mich drücke. Wir können das besprechen, aber nur dann, wenn es konstruktiv möglich ist.«

Mit diesem Ergebnis ist der Elternteil zufrieden und beschließt, die erste Ankündigung zu machen, zuerst unter vier Augen, später im Beisein der ganzen Familie.

Schätzen Sie sich selbst ein – Ihre Konflikte auf einen Blick

Wie Sie in diesem Kapitel gesehen haben, ist es möglich, die Dynamiken Ihrer Konflikte zu durchschauen und in den Griff bekommen. Es gibt jede Menge Ansatzpunkte dafür: alleine, zusammen, durch Verhaltenskontrolle und Veränderung, durch besseres gegenseitiges Verständnis, eine Konfliktmoderation etc. Das wird Ihnen immer wieder Disziplin abverlangen, Sie werden Ihre Komfortzone verlassen müssen, vielleicht hin und wieder mit einem Versuch scheitern, aber ganz sicher auch Erfolgserlebnisse haben.

Natürlich sind Sie bei Konflikten immer auch auf die Mitarbeit und die Kompetenzen der anderen Konfliktpartei angewiesen. Diese bestimmen mit, wie sehr sich etwas verändert, und geben auch gewisse Grenzen vor. Wichtig ist aber, dass Sie sich an Ihre Themen heranwagen, wenn es sein muss, auch allein. Denn auch das verändert die Situation für Sie und Ihre Kinder.

Nehmen Sie ein mögliches Scheitern als Anlass, die Situation noch einmal zu analysieren und daraus zu lernen. Oft liegt

es nur an Kleinigkeiten, dass man nicht weitergekommen ist.
Vielleicht hätte einer von Ihnen einmal auf die Metaebene gehen und aussprechen können, wo sich ihr Gespräch gerade befindet: »Wir beginnen, uns im Kreis zu drehen.« Oder: »Wir verzetteln uns gerade, statt bei einem Thema zu bleiben.« Vielleicht müssen Sie Exit-Strategien festlegen: »Wir fangen an, uns Vorwürfe zu machen, lass uns eine Pause einlegen!«, »Ich kann gerade nichts mehr aufnehmen und brauche einen Moment für mich!«, oder einfach das Time-out-Zeichen wie im Sport. Vielleicht geht es auch eher darum, Formulierungen zu finden, die Ihnen helfen, Ihren Standpunkt klarzumachen und sich zu überlegen, was Sie wirklich sagen wollen. Vielleicht ist es für Sie auch leichter, Ihre Gedanken aufzuschreiben und im Voraus zu formulieren. Denn eine Leitlinie in Konflikten bleibt, dass Sie Ihr Gegenüber nicht immer überzeugen können, Ihnen zu »folgen«. **Was Sie aber immer tun können, ist, konstruktiv für sich selbst einzustehen.**

Im Folgenden finden Sie einen kurzen Fragebogen, mit dem Sie das Gelesene noch einmal gedanklich durchgehen und sich selbst und Ihre*n Partner*in einschätzen können. Seien Sie dabei freundlich mit sich und Ihrem*r Partner*in und schenken Sie sich hin und wieder ein Lächeln. Es geht bei dieser Übung nicht darum, den »Parasit« Konflikt zu nähren. Ziel ist es, Ansätze zu erkennen, wie Sie möglichst konstruktiv miteinander sein können.

Welche Glaubenssätze haben Sie zu Konflikten?
· Schreiben Sie Ihre Sätze auf:

_____

_____

_____

_____

_____

_____

_____

- Sind Ihre Glaubenssätze konstruktiv?
- Wie würden Sie sie gern verändern?
- Ergänzen sich Ihre jeweiligen Glaubenssätze eher positiv oder negativ?

Wie sieht Ihr persönlicher Eisberg aus?

Malen Sie Ihren persönlichen Eisberg auf! Ihr*e Partner*in kann einen eigenen malen, anschließend tauschen Sie sich darüber aus!

Mögen Sie Ihren Konflikt lieber kalt oder heiß?

	Elternteil 1	Elternteil 2
Kalt		
Heiß		

Wie eskalieren Sie eher?

	Elternteil 1	Elternteil 2
Symmetrisch		
Komplementär		

Welcher Konflikttyp von Satir passt am besten zu Ihnen?

	Elternteil 1	Elternteil 2
Ankläger*in		
Ablenker*in		
Beschwichtiger*in		
Rationalisierer*in		

Auf welcher Ebene befinden sich Ihre Konflikte?

	Elternteil 1	Elternteil 2
Win-win		
Win-lose		
Lose-lose		

Denken Sie, eine professionelle Unterstützung wäre hilfreich?

	Elternteil 1	Elternteil 2
Ja		
Nein		

Könnte ein Wahrnehmungsfehler Ihnen das Leben schwer machen?

	Elternteil 1	Elternteil 2
Fundamentaler Wahrnehmungs-fehler		
Feindseliger Wahrnehmungs-fehler		

Wenn Sie nun Ihre gemeinsamen Konfliktmuster vor sich liegen se-hen, welche Ideen für einen konstruktiveren Umgang mit den Kon-flikten kommen Ihnen? Wo wollen Sie anfangen?

_____

_____

_____

_____

_____

_____

Welche Ziele möchten Sie sich setzen?

_____

_____

_____

_____

_____

Achtung! Teufelskreise

Erste Beispiele für Teufelskreise sind Ihnen im Buch schon begegnet. Jetzt will ich auf einen ganz speziellen Teufelskreis zu sprechen kommen: die Gewaltspirale. Falls Sie der Begriff irritiert: Dieser Teufelskreis muss nicht zwingend mit körperlicher Gewalt einhergehen. Bei der Gewaltspirale handelt es sich vielmehr um ein Verhaltens- und Kommunikationsmuster, das sehr vielfältig auftreten kann, auch bei »normalen« Streitigkeiten. Immer wieder erlebe ich dieses Muster gerade bei Paaren, die komplementär eskalieren oder bei denen ein Elternteil seine Impulse nur schwer kontrollieren kann, eventuell zur Cholerik neigt.

Die Gewaltspirale, wie ich sie hier vorstelle, beinhaltet drei verschiedene Phasen, die ineinander übergehen und sich ständig wiederholen:

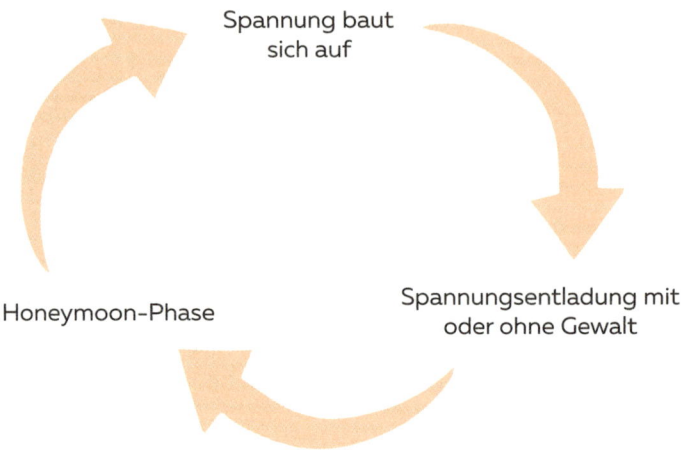

Spannung baut
sich auf

Spannungsentladung mit
oder ohne Gewalt

Honeymoon-Phase

Der typische Ablauf eines Teufelskreises

Wie verlaufen Konflikte in Familien, die in einem Teufelskreis gefangen sind? Zunächst baut sich Spannung auf, die Atmosphäre
wird gereizt, Kommentare werden schnippischer, innere Unruhe
wird spürbar, die Körpersprache nervöser usw. Irgendwann erreicht die Anspannung einen Punkt, an dem der berühmte Trop-
fen reicht, um das Fass zum Überlaufen zu bringen. So eine Spannungsentladung kann sich in Schreien, Schimpfen, Vorwürfen,
Weinkrämpfen, Beleidigungen, Abwertungen, fliegenden Gegen-
ständen, Rundumschlägen gegen alle und manchmal auch in körperlicher Gewalt äußern. Charakteristisch für diese Ausbrüche
ist, dass ihre Heftigkeit unverhältnismäßig scheint. Es entlädt
sich schließlich auch vieles mit, was bisher unterhalb der Ober-
fläche geschlummert hat. Hier passt es nicht, von einem Eisberg
zu sprechen – ein Vulkan ist in diesem Fall die bessere Metapher.
Tief unter der Erde tut sich etwas, es brodelt, vielleicht raucht der
Vulkan auch schon ein bisschen, bevor er ausbricht, und gibt eine
Vorwarnung, manchmal bricht er aber auch unvermittelt aus.

Nach dieser Entladung sind Familien meistens erschrocken und stehen unter Schock. Dennoch folgt auf solche Eskalationen sehr schnell die Honeymoon-Phase. Honeymoon bedeutet, dass der Elternteil, der den Ausbruch hatte, ihn auszugleichen versucht. Beispielsweise indem er Geschenke macht, besonders nett und charmant ist, Reue zeigt, sich besonders viel in die Familie einbringt etc. Meist beteuert er auch, dass dieses Verhalten nicht mehr vorkommen werde, dass es nur ein Versehen gewesen sei und sich nun alles ändern werde. Die Verantwortung für die Geschehnisse wird in dieser Konstellation auch gern im Außen gesucht. Wenn der Chef nur nicht so viel Druck machen würde, der andere Elternteil sich anders verhalten hätte, die Kinder nicht so laut gewesen wären …. Die Verantwortung wird überall gesucht, nur nicht bei sich selbst. Die Kinder selbst stehen in der Honeymoon-Phase übrigens meist nicht im Mittelpunkt. Die Strategien des eskalierenden Elternteils zielen viel mehr darauf ab, den anderen Elternteil nicht zu verlieren beziehungsweise weiter an sich zu binden. Ist es für dieses Anliegen hilfreich, auch die Kinder in den Blick zu nehmen, wird dies getan. Oft jedoch mehr aus taktischen Gründen als aus Einsicht.

Zumindest eine Zeit lang nach dieser Spannungsentladung ist es ruhig in der Familie. Manchmal zieht die Hoffnung ein, dass dies die letzte derartige Eskalation war, bis sich wieder Spannungen aufbauen und die Situation von vorne beginnt.

Aussteigen? Gar nicht so leicht.
Oft bekommen Menschen, die in solche Konstellationen verstrickt sind, gesagt: »Warum gehst du denn nicht einfach?«, oder: »Lass dir das doch nicht gefallen!« Die Antwort auf solche Ratschläge ist: Weil es nicht so leicht ist, wie es (von außen) scheint. Oft etabliert sich dieses Muster schleichend und subtil

über Monate und Jahre. **Die Ausbrüche oder Konflikte sind am Anfang vielleicht nicht so häufig und schlimm, steigern sich aber immer weiter, sodass einem die wachsende Heftigkeit im Alltag erst gar nicht auffällt.** Manchmal bestehen auch Machtgefälle und Abhängigkeiten (finanziell emotional, sozial …), die eine Trennung schwer vorstellbar machen. In einigen Fällen werden diese Abhängigkeiten auch gezielt aufgebaut.

Ein weiterer Faktor, der es erschwert, aus diesen Mustern auszubrechen, sind die eigenen Scham- und Schuldgefühle. Wir alle wissen, dass diese Gefühle sehr mächtig sind und genau das erschweren, was in diesen Situationen hilfreich und erforderlich wäre: Gespräche mit Außenstehenden. Denn oft werden diese Ausbrüche, sei es durch gezielte Absprachen oder nur informell, tabuisiert. Das heißt, es ist allen Beteiligten klar, dass über das Geschehene nicht mit Dritten gesprochen wird. Was sollen denn die Nachbarn denken? Hier läge aber genau die Chance zur Hilfe und Veränderung.

Ich kann mich an Beratungsverläufe erinnern, in denen sich genau diese Dynamik zwischen der Familie (genauer gesagt dem eskalierenden Elternteil) und den Helfern (Jugendamt, Sozialarbeiter*innen, Berater*innen, usw.) aufgebaut hat. Es lief ganz gut in der Beratung, bis es eine Eskalation gab. Daraufhin folgten Entschuldigungen und Beschwichtigungen. Es lief wieder, bis es erneut krachte … Dank der Supervision der Helfer*innen konnte diese Dynamik verändert werden, indem sie mit allen Familienmitgliedern besprochen wurde und sich die Helfer anders verhielten. Warum erzähle ich das? Weil es mir wichtig ist, zu verdeutlichen, dass diese Dynamiken oft so subtil verlaufen, dass auch Menschen, die täglich professionell mit ihnen arbeiten, involviert werden können.

Für alle, die in diesem Teufelskreis feststecken, gibt es also keinen Grund, sich zu schämen – Sie sind in bester Gesellschaft. Zudem geraten die Kinder in diesem Teufelskreis schnell aus dem Blick, da es auf der Paar- und Elternebene so viele Themen und Dynamiken zu bearbeiten gibt. Oft sind es jedoch gerade die Kinder, die die ständigen Wiederholungen dieses Musters durchschauen und unter ihnen leiden. Sie verlieren oft auch das Vertrauen in die Aussagen ihrer Eltern, da sich trotz ständiger Beteuerungen nichts verändert. Sie versuchen daher, sich selbst und/oder ihre Eltern zu schützen, indem sie sich beispielsweise bemühen, die Eskalationen zu verhindern, möglichst wenig zu Hause sind, keine Freunde mehr mitbringen. Dies zeigt einmal mehr, wie wichtig es ist, heftigen Konflikten oder Dynamiken frühzeitig und konsequent entgegenzusteuern, auch indem man die Hilfe Dritter in Anspruch nimmt.

Wie Beratung aus Teufelskreisen heraushelfen kann

Die emotionalen Verstrickungen auf der Beziehungsebene, die durch die Gewaltspirale entstehen, sind oft nur sehr schwer und mithilfe von Dritten zu entwirren. Daher ist es in jedem Fall sinnvoll, sich Hilfe zu suchen und sich ein (gemeinsames) Unterstützersystem aufzubauen, denn die Verhaltensmuster sind nicht selten stärker als wir.

Dazu ein Beispiel: Ich erinnere mich an eine Familie, die aus einem ganz anderen Grund beraten werden wollte. Zur ersten Beratung kam nur ein Elternteil mit den Kindern. Das Thema der Beratungsstunde sollte sein, die Beziehungen innerhalb der Familie genauer zu analysieren. Als Methode wählten wir »Familie in Tieren«. Bei dieser Methode darf sich jedes Familienmitglied eine Tierfigur als Stellvertreter aussuchen. Anschließend stellt man die Figuren so auf, dass sie die Familienbeziehungen repräsentieren:

Man stellt Figuren von Familienmitgliedern, die einander nahestehen, auch eng zusammen, besonders mächtige Familienmitglieder können auf ein Podest gestellt werden usw. Schon zu Beginn der Übung hatte ich das Gefühl, dass gerade der Elternteil, der vor Ort war, zögerte, mit der Übung zu beginnen. Auf meine Nachfrage meinte er, dass er wisse, dass bei diesen Übungen manchmal unvorhergesehene Dinge passierten. Wie sich herausstellte, war dies eine berechtigte Vorahnung. Denn im Laufe der Sitzung schwenkte der Fokus der anwesenden Familienmitglieder, der zunächst auf das mittlere Kind gerichtet war, in Richtung des abwesenden Elternteils. Immer wieder war festzustellen, wie die Familienmitglieder innehielten und überlegten, ob sie weitererzählen sollten. Es war spürbar, dass sie sich langsam an ein Tabu herantasteten. Immer wieder suchten gerade die Kinder Blickkontakt untereinander und vor allem zum anwesenden Elternteil, als ob sie sich vergewissern wollten, ob es noch okay sei, fortzufahren. Nachdem niemand ein klares Stoppzeichen gab, öffneten sie sich Stück für Stück. Am Ende der Stunde war klar, dass der abwesende Elternteil einen Teufelskreislauf, der dem Gewaltkreislauf ähnelte, in Gang gesetzt hatte. Dieser Elternteil war vom ländlichen Raum aus beruflichen Gründen nach München gezogen. Hier fühlte er sich nicht wohl und war nie richtig angekommen, was sich u. a. darin bemerkbar machte, dass er keinen Freundeskreis hatte. Stattdessen glorifizierte er seine Heimat und idealisierte sie. Waren sie gemeinsam dort, war alles gut. Im Umgang mit den Kindern war er liebevoll und lustig und brachte sich in die Familie ein. Je länger die Aufenthalte in der Heimat zurücklagen, desto mehr verschlechterte sich seine Laune, und Spannung baute sich auf. Jedes Familienmitglied konnte sich nun ausrechnen, dass es nicht mehr lange dauern würde, bis der nächste Streit zwischen den Eltern losgehen würde. Denn wie sich im Laufe der Beratung herausstellte, gab der abwesende Elternteil dem anderen die Schuld dafür, dass sie in München leben mussten, und verdrehte damit die Tatsachen. Es brach also immer wieder ein heftiger Streit aus, in dem die immer gleichen Vorwürfe vorgebracht wurden. Die Kinder verglichen die Situation mit dem Film *Und täglich grüßt das Murmeltier*, den sie kürzlich gesehen hatten – es war, als ob sie in einer Zeitschleife festhingen, in der sie ständig dem gleichen Streit ausgeliefert waren, ohne ihm entkommen zu können. Der wütende Elternteil merkte nach diesen Eskalationen immer wieder, dass er zu weit gegangen war, und versuchte, das wiedergutzumachen. Doch das Spiel begann regelmäßig von vorne.

Für die Familie war das Gespräch über dieses Tabu ein großer Schritt. Wie ich es von anderen Familien auch kenne, berichteten alle Familienmitglieder, dass sich die Situation nun, da sie zum ersten Mal zusammen darüber gesprochen hatten, realer anfühlen würde und nicht mehr so, als ob es zwei parallele Wirklichkeiten gäbe. Denn bisher wusste zwar jeder um dieses Muster, aber niemand hatte mit dem anderen darüber gesprochen. Es war allen klar, dass dieses Thema niemanden außerhalb der Familie etwas anging, obwohl das nie explizit formuliert worden war. **Der gemeinsame Austausch hatte eine neue Familienrealität geschaffen.**

Nachdem das Geheimnis offenlag, überlegten wir, wie der abwesende Elternteil davon erfahren sollte. Die Familie entschied, dass dies in einer Einzelsitzung geschehen sollte, weil es so hoffentlich weniger konfrontativ sei. Also beschrieb ich dem abwesenden Elternteil unter vier Augen die Gefühle und Gedanken seiner Familienmitglieder. Nach anfänglichem Widerstand und Versuchen, die Situation zu bagatellisieren, konnte er schließlich die zentralen Punkte seiner Familienmitglieder stehen lassen. Im Anschluss an diese Sitzung arbeiteten wir noch einige Zeit in verschiedenen Konstellationen (Einzel-, Paar- und Familiensitzung) weiter an der Thematik, bis die Situation an Brisanz verlor, und uns vor allem die Kinder rückmeldeten, dass sich die Situation zu Hause deutlich entspannt habe.

So verlassen Sie die Spirale

Leider darf man das Risiko, dass Versuche, aus diesem Muster auszubrechen, eine nächste Eskalation nach sich ziehen, nicht außer Acht lassen. In manchen Familien gibt es auch zunächst eine zumindest gefühlte Verschlechterung. Mittel- und langfristig lohnt es sich jedoch in so gut wie allen Fällen, die Gewaltspirale zu durchbrechen.

Wie kann es gelingen, die Gewaltspirale zu beenden und zu einem konstruktiven Miteinander zu kommen?

- Aufgrund des Risikos von Eskalationen sollten Sie sich die Unterstützung Dritter suchen.
- Hören Sie nicht auf Beteuerungen, sondern messen Sie Veränderungen daran, ob Versprechungen umgesetzt werden. Wurde beispielsweise versprochen, dass der andere Elternteil eine Therapie aufsucht, um seine Impulse besser unter Kontrolle zu bekommen, vergewissern Sie sich, dass das auch passiert. Zudem ist wichtig, dass Ihr*e Partner*in bereit ist, Ihrer Version der Konfliktgeschichte und der Eskalationen in seiner Therapie einen Platz zu geben, damit ein ganzheitliches Bild entsteht. Zudem kann dieser Schritt dabei helfen, verloren gegangenes Vertrauen wieder aufzubauen, beispielsweise, wenn Sie zurückgemeldet bekommen, dass Ihr*e Partner*in bereits Ihre Version der Geschichte erzählt hat und dass an den für Sie und Ihre Kinder wichtigen Themen gearbeitet wird.

- Wichtig ist, dass der Elternteil, der die Ausbrüche hat, auch die Verantwortung für sein Handeln übernimmt. Das bedeutet, dass er sich klarmacht: Nicht der Chef, nicht die Kinder, niemand anderes als er selbst entscheidet sich, so zu handeln, wie er handelt. Sein Verhalten ist allein auf seine Entscheidungen zurückzuführen.
- Es lohnt sich, bessere Strategien im Umgang mit (inneren) Spannungen zu erlernen, auch dafür sind oft Impulse von außen wertvoll.
- Konstruktiv-kritische Beobachter wie Berater*innen, Therapeut*innen, aber auch gute Freund*innen können hilfreich sein, um auf dem eingeschlagenen Weg zu bleiben.
- Lesen Sie die zuvor geschilderten Eskalationsmuster, um herauszufinden, auf welche Weise Sie eskalieren.
- Fachstellen wie Erziehungsberatungs-, Ehe-, Familien und Lebensberatungsstellen oder auch spezialisierte Beratungsstellen finden Sie hier: dajeb.de
- Sollte tatsächlich Gewalt in Ihrer Beziehung stattfinden, lesen Sie bitte das folgende, letzte Kapitel dieses Buches, das speziell auf diese Problematik eingeht.

Wenn aus Streit Gewalt wird

Wieso ein Kapitel über Gewalt, wenn es in diesem Buch doch hauptsächlich um Konflikte und um Streit zwischen Eltern gehen soll? Das hängt mit meiner Erfahrung aus unterschiedlichen Beratungssituationen zusammen. Es gibt so viele mögliche Beratungsverläufe, wie es Familien gibt. Und genauso viele Umgangsweisen gibt es auch mit Streitigkeiten und möglichen Gewaltsituationen. Mögliche oder angebliche Gewalt kann instrumentalisiert werden, um eigene Interessen durchzusetzen. Andererseits kenne ich auch Elternteile, denen Gewalt widerfahren ist, ohne dass sie diese Erfahrungen als Gewalt erkannt oder eingeordnet hätten. Lassen Sie mich Ihnen ein paar Beispiele nennen:

- Menschen, die von ihren Partnern auf sehr derbe Art immer wieder verbal erniedrigt werden und dies für normal halten, da sie mit ähnlichen Sätzen groß geworden sind.
- Frauen, deren Partner Sex von ihnen verlangen, auch wenn sie es nicht wollen, und die diesen Zwang nicht als sexuelle Gewalt oder Vergewaltigung ansehen, da sie denken, dass es so etwas in einer Paarbeziehung beziehungsweise Ehe gar nicht gibt.
- Männer, die von ihren Partnerinnen geschlagen werden und dies nicht als Gewalt ansehen, da sie davon ausgehen, dass Frauen Männern keine körperliche Gewalt antun können oder

denken, dass es nur dann Gewalt ist, wenn sie schwerer verletzt wären.

Das Phänomen, dass Gewalt nicht als solche erkannt wird, begegnet mir immer wieder. Die oben genannten Beispiele verkörpern zudem drei Formen der Gewalt: psychische, sexualisierte und körperliche Gewalt, die alle schwerwiegende Auswirkungen auf die Betroffenen haben können. Meine Kollegin Linde Leschinski hat in Fortbildungen oft betont, dass Gewalt ein »Kofferwort« sei, und auch erklärt, was sie damit meint: Ein Kofferwort ist für sie ein Wort, das man einfach in den Raum stellt wie eben einen Koffer. Was genau in diesem Koffer ist, sich also hinter dem Wort Gewalt verbirgt, bleibt unklar, bis wir den Koffer öffnen und genau schauen, worüber wir da eigentlich sprechen. Haben wir Fachkräfte, also Erzieher*innen, Sozialpädagog*innen oder Psycholog*innen anschließend gebeten, darüber zu diskutieren, was sie unter Gewalt verstehen, wurde sehr schnell deutlich, dass niemand dasselbe darunter verstand und dass auch unklar war, ab welchem Punkt Gewalt beginnt, welche Grauzonen es gibt etc. Vieles hat mit unseren Vorstellungen zu tun, die durch unsere Biografie, unsere Kultur, unser Frauen- und Männerbild und vieles mehr geprägt sind. Aufgrund dieser Erfahrungen halte ich es für sinnvoll, Ihnen nicht nur einen Koffer hinzustellen, sondern diesen auch zu öffnen und Ihnen anhand einer Definition aus der Istanbul-Konvention eine Orientierung zu geben, was sich hinter dem Begriff Gewalt eigentlich verbirgt.

Gewalt ist eine Menschenrechtsverletzung

Die Istanbul-Konvention wurde zum Schutz von Frauen erstellt, da Frauen häufiger von Partnerschaftsgewalt betroffen sind als Männer. Gleichzeitig gibt es aber auch Männer, die Partnerschaftsgewalt erleben. Daher möchte ich darauf hinweisen, dass ich diese Definition als für alle Geschlechter gültig ansehe.

Artikel 3 der Istanbul-Konvention besagt:

»Im Sinne dieses Übereinkommens

a. wird der Begriff ›Gewalt gegen Frauen‹ als eine Menschenrechtsverletzung und eine Form der Diskriminierung der Frau verstanden und bezeichnet alle Handlungen geschlechtsspezifischer Gewalt, die zu körperlichen, sexuellen, psychischen oder wirtschaftlichen Schäden oder Leiden bei Frauen führen oder führen können, einschließlich der Androhung solcher Handlungen, der Nötigung oder der willkürlichen Freiheitsentziehung, sei es im öffentlichen oder privaten Leben;

b. bezeichnet der Begriff ›häusliche Gewalt‹ alle Handlungen körperlicher, sexueller, psychischer oder wirtschaftlicher Gewalt, die innerhalb der Familie oder des Haushalts oder zwischen früheren oder derzeitigen Eheleuten oder Partnerinnen beziehungsweise Partnern vorkommen, unabhängig davon, ob der Täter beziehungsweise die Täterin denselben Wohnsitz wie das Opfer hat oder hatte;

c. bezeichnet der Begriff ›Geschlecht‹ die gesellschaftlich geprägten Rollen, Verhaltensweisen, Tätigkeiten und Merkmale, die eine bestimmte Gesellschaft als für Frauen und Männer angemessen ansieht;

d. bezeichnet der Begriff ›geschlechtsspezifische Gewalt gegen Frauen‹ Gewalt, die gegen eine Frau gerichtet ist, weil sie eine Frau ist, oder die Frauen unverhältnismäßig stark betrifft;

e. bezeichnet der Begriff ›Opfer‹ eine natürliche Person, die Gegenstand des unter den Buchstaben a und b beschriebenen Verhaltens ist;

f. umfasst der Begriff ›Frauen‹ auch Mädchen unter 18 Jahren.«

Vielleicht erscheint Ihnen diese Definition ein wenig akademisch. Ich habe mich dafür entschieden, sie aufzunehmen, da ich es wichtig finde, Gewalt als eine Menschenrechtsverletzung zu benennen. Zudem ist diese Definition international gültig und zeigt damit auch, wie verbreitet das Phänomen häusliche Gewalt weltweit ist. Kommt Partnerschaftsgewalt in Ihrer Familie vor, sind Sie damit kein Einzelfall, und es gibt keinen Grund, sich zu schämen, sondern im Gegenteil, es besteht dringender Handlungsbedarf. Außerdem umfasst diese Definition auch die wirtschaftliche Gewalt, also das bewusste Wirtschaftlich-abhängig-Machen, die Kontrollübernahme über die Finanzen oder eine gezielte wirtschaftliche Schädigung, die oft ebenfalls nicht als Gewalt wahrgenommen wird. Eine Gewaltform, die ich noch ergänzen würde, da ich sie auch für sehr gefährlich halte, ist die soziale Gewalt. Hierunter versteht man beispielsweise die gezielte schrittweise Isolierung von Menschen. **Gewalt hat leider viele Gesichter, und alle haben ein zerstörerisches Potenzial.**

Keine Entschuldigung

Traurig, verletzend und auch enttäuschend ist es, dass Gewalt oft von Menschen, denen wir eigentlich am nächsten sind oder zumindest sein wollen, ausgeübt wird, nicht selten unter dem Einfluss von Alkohol oder anderen Substanzen.

In diesem Zusammenhang ist es mir wichtig, zu betonen, dass Gewalt eine Verhaltensweise ist und dass sich Menschen, die Gewalt ausüben, aktiv dafür entscheiden, dieses schädigende Verhalten zu zeigen. Gewalt entsteht also nicht durch mysteriöse Kräfte oder äußere Einflüsse, sondern immer durch eigene Entscheidungen. Andreas Schmiedel, ein geschätzter Kollege, der mit Männern arbeitet, die häusliche Gewalt ausgeübt haben, sagt zu seinen Klienten folgenden Satz: »Wenn Ihnen die Hand ausgerutscht ist, dann gehen Sie zum Neurologen. Wenn Sie sich dafür entschieden haben, zuzuschlagen, dann sind Sie hier (in einer Fachberatungsstelle) richtig.«

Zum Substanzmissbrauch, der manchmal als »Entschuldigung« für Gewalt genutzt wird, meinte Frau Prof. Dr. Dr. Zwick, bei der ich studiert habe, Folgendes: »Alkohol ist ein Enthemmer und kann nur enthemmen, was vorher schon da war.«

Mir ist wichtig, dies klar zu benennen, denn zu den Strategien von Tätern und Täterinnen gehört es, die Ursache für die Gewalt, also ihre eigenen Entscheidungen und ihr eigenes Verhalten, anderen Menschen oder den Umständen zuzuschieben, anstatt hierfür Verantwortung zu übernehmen. Wichtig ist aber, dass sie genau das tun und lernen: die Verantwortung für ihr Verhalten zu übernehmen und sich so zu kontrollieren, dass sie nie wieder Gewalt ausüben.

Die Folgen für Betroffene und ihre Kinder

Gewalt wird oft auch als das Scheitern von Beziehungen bezeichnet. Das bedeutet, dass vorher etwas auf der Beziehungsebene nicht gelungen ist und die Beziehungen durch Gewalt nun noch mehr leiden. Und das gilt nicht nur für die Paarbeziehung, sondern auch für die Beziehung zu den Kindern, da diese oft ebenfalls von der Gewalt betroffen sind. Die Gründe hierfür sind vielfältig und müssen hier nicht im Detail besprochen werden. Wichtig ist, dass Gewalt sehr weitreichende Folgen wie körperliche Verletzungen oder posttraumatische Belastungsstörungen haben kann. Die direkt Betroffenen sind meist Frauen und Mütter, Letztere sind zugleich Elternteile, die ihre Kinder vor dem Miterleben der Gewalt schützen müssen. Dies ist eine besonders große Herausforderung und meist eine schwierige Aufgabe. Denn wie wir oben schon gesehen haben, hoffen und/oder denken Eltern oft, dass ihre Kinder Streit oder auch gewalttätige Auseinandersetzungen nicht mitbekommen. Werden Kinder Zeugen von gewaltvollen Auseinandersetzungen zwischen ihren Eltern, so hat dies weitreichende Konsequenzen. Kinder erleben solche Situationen als extremen Stress bis dahin, dass sie Angst um ihr eigenes oder um das Leben des angegriffenen Elternteils haben. Sie probieren oft, Streitsituationen zu beeinflussen, beispielsweise indem sie versuchen, das angegriffene Elternteil (auch körperlich) zu verteidigen, oder sogar dazu übergehen, die Wut des Aggressors auf sich zu ziehen. Auch hier gilt wieder: Je öfter sich diese Situationen wiederholen, desto schlimmer.

Elternteile, die von Gewalt betroffen sind, fühlen sich hilflos, ausgeliefert und unterlegen, haben mit körperlichen und seelischen Verletzungen zu kämpfen, sind traumatisiert und wissen oft nicht, an wen sie sich wenden können oder wie sie dies unbemerkt bewerkstelligen können. Oft kommen große Schuld- und Schamgefühle dazu, die es noch einmal schwieriger machen, sich anderen zu offenbaren.

Gleichzeitig richten die Kinder ihre Hoffnung auf Schutz und eine Verbesserung der Situation auf die von der Gewalt betroffenen Elternteile. Häufig versuchen die Gewalt ausübenden

Elternteile auf verschiedene Art und Weise, auf die Kinder ein-
zuwirken:

- indem sie beteuern, dass sie so etwas nie wieder tun würden
  und dass diesmal alles anders werden würde,
- indem sie die Kinder emotional erpressen, weil sie doch beide
  Eltern bräuchten,
- indem sie Druck aufbauen und Ängste erzeugen, beispielsweise indem sie sagen, dass die Betroffenen es nie alleine schaffen würden, dass sie ihnen die Kinder wegnehmen würden, sie
  ihnen das Leben zur Hölle machen würden, wenn sie wegge-
  hen etc.

Die Betroffenen sind also gleich mehrfachen Belastungen ausgesetzt. Dies alles zu bewältigen oder sich in dieser Überforde-
rungssituation zu orientieren, scheint verständlicherweise vielen von Gewalt betroffenen Menschen schier unmöglich. Daher
ist es auch hier ein sinnvoller erster Schritt, sich Hilfe von außen
zu holen. Ohne Hilfe von außen ist es extrem schwierig, solche
Situationen aufzulösen.

Angst vor dem Jugendamt?

Bevor ich darauf eingehe, welche Handlungsmöglichkeiten es gibt,
wenn häusliche Gewalt in der Familie ausgeübt wird, möchte ich
zunächst auf eine Sorge eingehen, die mir oft begegnet: nämlich
die Frage »Nimmt mir das Jugendamt die Kinder weg?«. Diese Sorge
oder auch Angst besteht aufgrund von Medienberichten oder weil
mit dieser Angst bewusst vom Gewalt ausübenden Elternteil ge-
spielt wird. Die Grundidee und die Funktion des Jugendamts

ist es natürlich nicht, irgendjemandem seine Kinder »wegzunehmen«. Aber vorweg: »Das Jugendamt« gibt es eigentlich gar nicht. Die Jugendämter in Deutschland sind Sache der Kommunen. Das bedeutet, dass in jeder Stadt und jedem Landkreis das Jugendamt eine eigene Organisationsform hat. Somit kann man die Jugendämter auch nicht generell vergleichen. Denn die Qualitätsstandards und Organisationsformen sind von Stadt zu Stadt und von Kreis zu Kreis verschieden. Die Aufgaben und Funktionen der Jugendämter sind aber bundesweit gleich und lassen sich in zwei Bereiche unterteilen:

1. die Hilfen für Familien nach dem Sozialgesetzbuch VIII und
2. das Wächteramt

Diese beiden Funktionen gehen auf unser Grundgesetz Artikel 6 Absatz 2 zurück: »Pflege und Erziehung der Kinder sind das natürliche Recht der Eltern und die zuvörderst ihnen obliegende Pflicht. Über ihre Betätigung wacht die staatliche Gemeinschaft.«[25]

Die staatliche Gemeinschaft hat also »nur« darauf zu achten, dass Eltern ihren Rechten und Pflichten nachkommen. Das heißt, dass das Jugendamt in Deutschland als staatliche Behörde nur dann eingreifen darf, wenn Eltern ihren Rechten und Pflichten nicht gerecht werden. Sollte das Jugendamt eingreifen müssen, hat es auch keine uneingeschränkten Vollmachten, sondern ist zunächst einmal dazu angehalten, darauf hinzuwirken, dass Eltern und Familien Hilfen annehmen. Eine Ausnahme von dieser Regel besteht, wenn eine berechtigte Sorge vorliegt, dass die mögliche Gefahr für das Kindeswohl steigt, sobald man die Eltern miteinbezieht – dass ein Kind beispielsweise erst recht Gewalt erfährt, weil es dritten Personen von der Gewalt erzählt hat.

Handlungen des Jugendamts müssen also immer der Situation angemessen sein. Eingriffe in das Sorgerecht wie eine Inobhutnahme kann es auch nur vorübergehend vornehmen, diese müssen immer von Beschlüssen des Familiengerichts gedeckt werden. Am Familiengericht können Eltern aber auch selbst tätig werden und Anträge, Gegenanträge oder Einsprüche einreichen.

Sie sehen: Das Kinderschutzsystem in Deutschland ist komplex und beruht nicht auf Einzelentscheidungen von Mitarbeiter*innen des Jugendamts. Zusammengefasst bedeutet das: Jugendämter und auch das Familiengericht haben ihr Wächteramt angemessen auszuüben und auf Problemlagen mit der am wenigsten invasiven Maßnahme zu reagieren.

Aber was genau bedeutet Gefahr für das Kind? Dafür möchte ich Ihnen gern eine Bestimmung des Begriffs »Kindeswohl« mit an die Hand geben, da dieser in letzter Zeit immer häufiger verwendet wird.

Bundesgerichtshof, Beschluss vom 23.11.2016 – XII ZB 149/16[26]

1. Eine Kindeswohlgefährdung im Sinne des § 1666 I BGB liegt vor, wenn eine gegenwärtige, in einem solchen Maß vorhandene Gefahr festgestellt wird, dass bei der weiteren Entwicklung der Dinge eine erhebliche Schädigung des geistigen oder leiblichen Wohls des Kindes mit hinreichender Wahrscheinlichkeit zu erwarten ist. An die Wahrscheinlichkeit des Schadenseintritts sind dabei umso geringere Anforderungen zu stellen, je schwerer der drohende Schaden wiegt.

Wie Sie sehen, ist diese Definition nicht messerscharf, da es sich um einen sogenannten unbestimmten Rechtsbegriff handelt. Sie merken auch, dass es um eine »erhebliche Schädigung« geht und der Blick in die Zukunft gerichtet ist. Es müssen also einige Faktoren zusammenkommen, bevor das Jugendamt eine Inobhutnahme vornimmt.

Was bedeutet das für Sie, falls Sie von häuslicher Gewalt betroffen sind? Die Elternteile beziehungsweise Familien, die ich im Kontext von Partnerschaftsgewalt begleitet habe, mussten sich keine Sorgen um eine Inobhutnahme machen, wenn sie sich an das Jugendamt wendeten, um ihr Kind zu schützen, oder wenn sie beim Schutz des Kindes »mitgewirkt«, also Hilfen angenommen und Schritte zum Schutz ihres Kindes eingeleitet haben. Oft wurden die Mitarbeiter*innen des Jugendamts gerade von den betroffenen Eltern vielmehr als Unterstützung angesehen.

Was genau heißt wiederum, das Kind (und sich selbst) zu schützen? Meist bedeutet es, dass der Gewalt ausübende Elternteil (zumindest vorübergehend) von der Familie getrennt leben muss. So kann die Situation deeskalieren, und alle Beteiligten können sich wieder sicher fühlen. Zudem hat man eine Basis geschaffen, von der aus man die individuelle Situation einschätzen und weitere Schritte einleiten beziehungsweise ein umfangreiches Schutzkonzept erstellen kann.

Zusammenfassend kann man also sagen: **Sobald Sie Ihre Kinder schützen (wollen) und dafür mit dem Jugendamt oder anderen Hilfsorganisationen zusammenarbeiten, müssen Sie sich meiner Erfahrung nach keine Sorgen machen, dass Ihre Kinder in fremde Obhut genommen werden.** Denn wie gesagt: Neben dem »Wächteramt«, das die Jugendhilfe mit Augenmaß zu erfüllen hat, hat das Jugendamt und die gesamte Jugendhilfe in allererster Linie die Aufgabe, Eltern und ihren Kindern zu helfen. Dafür steht den Jugendämtern eine breite Palette an Hilfsmöglichkeiten zur Verfügung, die jedoch kommunal unterschiedlich sind.

Das können Sie jetzt tun

Wie immer gibt es für komplexe Umstände keine pauschalen Antworten, da häusliche Gewalt eine große Spannbreite hat. Diese reicht von einem Schubsen bis hin zu Morddrohungen, Knochenbrüchen und Schlimmerem. Manchmal ist sie wie im Fall von körperlicher Gewalt klar zu benennen, in anderen Situationen wie bei psychischer beziehungsweise seelischer Gewalt ist dies nicht so leicht, da sie oft subtiler ausgeübt wird und somit für die Betroffenen schwieriger fassen ist. Auf alle Fälle gilt: **Je früher Sie sich wehren und klare Grenzen setzen, desto besser!** So entstehen weniger Verstrickungen, und die Muster, die die Gewalt stützen, etablieren sich erst gar nicht. Falls es Ihnen nicht gelungen ist, sich früh gegen Partnerschaftsgewalt zur Wehr zu setzen, gibt es natürlich immer noch Mittel und Wege, dies zu tun, und es ist nie zu spät, damit anzufangen. Es gibt den Grundsatz: **Das Schweigen der Opfer stärkt die Macht der Täter.** Daher möchte ich Sie ermutigen, das Thema mit Menschen, die Ihnen vertraut sind, Ärzt*innen, Fachstellen etc. zu besprechen. An Letztere können Sie sich auch anonym wenden.

In akuten Fällen von Partnerschaftsgewalt ist es wichtig, die Polizei zu rufen. Für manche Menschen, die von häuslicher Gewalt betroffen sind, ist das geradezu selbstverständlich, für andere aus unterschiedlichen Gründen eher schwierig, da sie beispielsweise fürchten, dieser Schritt könnte die Gefahr für sie oder ihre Kinder erhöhen. Mitunter bitten die Gewalt ausübenden Partner*innen darum, dies nicht zu tun. Es ist jedoch wichtig, dass diese Vorfälle offiziell dokumentiert sind, sodass im Zweifelsfall nicht Wort gegen Wort steht. Die Polizei zu rufen, bedeutet nicht automatisch, eine Anzeige zu machen. Für oder gegen diese kann man sich immer noch entscheiden.

Sie müssen sich also nicht scheuen, bei der Polizei anzurufen. Worauf Sie sich gegebenenfalls einstellen müssen, ist, dass die Polizei das zuständige Jugendamt verständigt. Wie Sie bereits wissen, brauchen Sie auch das nicht zu fürchten. Im Gegenteil: Es ist sogar gut, noch eine Instanz an Bord zu haben, die auf das Wohl der Kinder schaut und eine hilfreiche Öffentlichkeit schafft. Trauen Sie sich also, diese Schritte zu gehen und die Gewalt, die meist im Verborgenen ausgeübt wird, öffentlich zu machen und sich Hilfe zu holen. Schämen braucht sich dafür niemand. Diese Gewalt kommt in allen Schichten der Gesellschaft vor!

Haben Sie die Sorge, dass die oben beschriebenen Schritte für Sie zu gefährlich sein könnten, gibt es auch die Möglichkeit, sich an Frauenhäuser zu wenden (leider gibt es für Männer noch keine vergleichbare Hilfe). Dies können Sie selbst tun oder Dritte darum bitten. Die Mitarbeiterinnen in Frauenhäusern helfen Ihnen und Ihren Kindern dabei, vor dem Gewalt ausübenden Elternteil zu fliehen, wenn nötig auch in eine andere Stadt, und anonym unterzukommen. Hilfe finden Sie unter **www.frauenhauskoordinierung.de**

Was können Sie in Fällen von akuter Gewalt also tun?

1. Gut überlegt und taktisch handeln.
2. Bauen Sie sich und Ihren Kindern ein Unterstützernetzwerk auf, das Ihnen hilft, aus der Gewalt herauszukommen beziehungsweise diese zu beenden.
3. Rufen Sie in akuten Situationen immer die Polizei, wenn dies die Gefahr für Sie oder Ihre Kinder nicht erhöht.
4. Bei Versprechungen des Gewalt ausübenden Elternteils gilt die Regel: Schauen Sie nur auf das Handeln, Worte sind Schall und Rauch. Verspricht ein*e Täter*in, dies nie wieder zu tun, prüfen

Sie, welche Schritte dazu unternommen werden. Gibt es Anmeldungen bei Therapeuten oder Fachstellen? Gibt es konkrete Veränderungen in den Verhaltensmustern? Stellen Sie sicher, dass Sie Ihre Version der Geschichte bei Psychotherapeuten oder Fachstellen erzählen können.

5. Tragen Sie Ihre Konflikte sehr feindselig aus, schaukeln sich gegenseitig hoch und ist es gar nicht ganz klar, wer wann zuerst Gewalt ausgeübt hat, so besprechen Sie dies am besten auch in einer Fachstelle. Wie Sie im Kapitel über Konflikte gesehen haben, gelingt es nur sehr schwer, diese Muster ohne Hilfe zu durchbrechen.

6. Erstellen Sie zusammen mit einer Fachstelle einen Notfallplan, was Sie tun können, wenn sich andeutet, dass sich ein erneuter Gewaltvorfall ereignen könnte.

Welche öffentlichen Hilfen gibt es?

Glücklicherweise rückt das Thema häusliche Gewalt in Deutschland immer weiter ins öffentliche Bewusstsein, und es gibt eine breite Anzahl an Fachstellen und Unterstützungsmöglichkeiten, für die direkt und indirekt von Gewalt Betroffenen, aber auch für diejenigen, die sich entscheiden keine Gewalt mehr ausüben zu wollen.

- Die Polizei hat verschiedene Möglichkeiten, darunter auch die, ein zehntägiges Hausverbot auszusprechen, selbst wenn der Gewalt ausübende Elternteil der Hauptmieter der Wohnung ist.
- Innerhalb dieser zehn Tage haben Sie die Möglichkeit, sich an das Familiengericht zu wenden und einen Schutz für sich und Ihre Kinder nach dem Gewaltschutzgesetz zu beantragen.

Dieser Schutz kann eine Wegweisung, also ein Haus- und/oder Näherungsverbot des Gewalttäters für bis zu sechs Monate beinhalten, welches anschließend auch noch einmal verlängert werden kann.

- Mithilfe von Familienanwält*innen und dem Jugendamt können Sie auch Anträge zum Schutz Ihrer Kinder stellen, beispielsweise auf begleiteten Umgang, eine Maßnahme, bei der der Umgang mit dem gewaltausübenden Elternteil nur in Begleitungen einer dritten Person stattfinden darf.
- Frauenhäuser und Fachstellen können Sie in Ihrer individuellen Situation beraten und Möglichkeiten aufzeigen; teilweise bieten sie auch rechtliche Beratung an.
- Das Jugendamt kann Sie auf vielfältige Art dabei unterstützen, Ihre Kinder zu schützen.
- Der »Weiße Ring« ist eine Vereinigung für Menschen, die Opfer von Gewalt geworden sind, er bietet schnelle, anonyme und kostenlose Hilfe an und kann unter anderem eine Kooperation mit Fachanwält*innen vermitteln.
- Sie können für sich und Ihre Kinder Psycho-, Traumatherapie und/oder Beratung in Anspruch nehmen, um die Gewalt aufzuarbeiten.

Was sollte ein Notfallplan enthalten?

Auch bei Notfallplänen gibt es kein »One-size-fits-all«-Konzept. Ich möchte Ihnen jedoch ein paar Leitfragen und Anregungen mitgeben:

- Zu wem können ich und meine Kinder gehen, wenn wir die Sorge haben, dass erneut Gewalt geschehen könnte?

- Verwandte
- Freunde
- Nachbarn
- Frauenhaus
- Ferienwohnung
- Hotel
- ...
- Welche persönlichen Unterlagen brauche ich für mich und meine Kinder?
  - Ausweise und Pässe
  - Krankenkassenkarten
  - Impfpässe
  - Versicherungen
  - Mietvertrag
  - Unterlagen zum Sorgerecht
  - Wichtige Adressen und Kontakte
  - Laptop
  - ...
- Welche Unterlagen für meine Finanzen sind wichtig?
  - Bank- und Kreditkarten
  - Bargeld
  - Vollmachten
  - Kindergeld
  - Elterngeld
  - ...
- Welche Unterlagen brauche ich dringend, und kann ich diese irgendwo hinterlegen/online hochladen?
- Ist es sinnvoll, zu Hause oder in einer möglichen Notfallunterkunft bei Freunden, Verwandten oder woanders eine gepackte Tasche zu deponieren?
- Wer gehört zu meinem Unterstützernetz?

- Wen weihe ich in meinem Notfallplan ein?
  - Familie
  - Freunde
  - Nachbarn
  - Jugendamt
  - Kindergarten/Schule
  - Berater*innen/Psychotherapeut*innen
  - …
- Mit wem kann ich besprechen, ob jetzt der Augenblick gekommen ist, um den Notfallplan anzuwenden beziehungsweise welche Kriterien lege ich dafür fest?
  - Hilfreiche Personen
    - Professionelle Helfer*innen
    - Freund*innen
    - Eltern
  - Mögliche Kriterien:
    - Steigende Spannungen
    - Konkrete Drohungen
    - Ereignisse, die schon einmal Gewalt ausgelöst haben und sich nun wiederholt haben
    - Alkohol- oder Substanzmissbrauch des anderen Elternteils

Wenn Sie selbst Gewalt ausgeübt haben

Wie kann es weitergehen, wenn Sie selbst Gewalt gegen den anderen Elternteil ausgeübt haben? Allein sich mit dieser Frage zu beschäftigen, ist schon der erste richtige Schritt. Je nachdem wie heftig und wie oft Gewalt ausgeübt wurde, unterscheiden sich Möglichkeiten und Wege. Entscheidend ist, dass man sich eingesteht, Gewalt ausgeübt zu haben, und für diese Handlungen auch die Verantwortung übernimmt. Verantwortung zu übernehmen, bedeutet in diesem Kontext, sich klar zu den eigenen Handlungen bekennen, die Gefühle und Bedürfnisse der Betroffenen ernst zu nehmen, vor allem ihre Angst und ihr Bedürfnis nach Sicherheit, sowie Schritte zu unternehmen, die dazu führen, dass sie keine Gewalt mehr ausüben. Der letzte Punkt bedeutet meist, in eine spezialisierte Beratung/Therapie zu gehen.

Wie Sie in diesem Buch gelesen haben, ist sowohl für Kinder als auch für Erwachsene das Bedürfnis nach Sicherheit wesentlich und eine wichtige Grundlage für weitere Entscheidungen und Gespräche. Diese Schritte, vor allem die oft geforderte räumliche Trennung, sind für viele schwer auszuhalten, da sie mit einem (gefühlten) Kontrollverlust und Verlustängsten verbunden sind. Viele Elternteile wollen, auch wenn sie Gewalt ausgeübt haben, ihre Partner*innen nicht verlieren, fürchten aber genau das.

Immer wieder berichten Elternteile, die Gewalt ausgeübt haben, dass sie dies nur getan hätten, weil sie sich nicht mehr zu helfen gewusst hätten und der andere Elternteil sie aus ihrer eigenen Sicht so lange provoziert habe, bis sie aus Hilflosigkeit als scheinbar letzte Möglichkeit Gewalt ausgeübt hätten. Ist dies der Fall, so ist es trotzdem möglich, Verantwortung zu übernehmen und Situationen, die man als ausweglos empfindet, früher zu verlassen. Ein essenzieller Teil von Verantwortungsübernahme besteht darin, dafür zu sorgen, dass es zu keiner weiteren Gewalthandlung kommt. Dazu gehört auch, zu der bereits ausgeübten Gewalt zu stehen und klar zu benennen, dass man sich dafür entschieden hat, Gewalt auszuüben. Außerdem ist es wichtig, zu analysieren, wann man noch in der Lage ist, kritische Situationen zu verlassen, und dies auch zu tun, um sich selbst, seine*n Partner*in und Kinder zu schützen.

Die Hintergründe für die Ausübung von Gewalt können vielfältig sein, oder – um die Metapher noch einmal zu bemühen – die Gewalt ist nur die Spitze des Eisbergs, und der Teil unter der Meeresoberfläche muss noch ergründet und vor allem beherrscht werden. Mögliche Ursachen, aber keine Entschuldigungen sind: eigene Gewalterfahrungen in der Familie, Impulsivität, Gefühle von Ohnmacht und Wirkungslosigkeit, Eifersucht, Kontrollbedürfnisse und vieles mehr.

Wichtig ist: Versuchen Sie nicht, das Problem allein zu lösen. **Erfahrungsgemäß braucht es externe Unterstützung, um Gewalt nachhaltig zu beenden und aufzuarbeiten.**

Hier finden Sie Hilfe

Abschließend möchte ich Ihnen eine Liste mit Hilfsangeboten zur Verfügung stellen. Gerade der Deutschlandweite Beratungsstellenführer der Deutschen Arbeitsgemeinschaft für Jugend- und Eheberatung e. V. (DAJEB) hat eine sehr gute Suchfunktion. Sie können einfach Ihre Postleitzahl eingeben und bekommen dann die Beratungsmöglichkeiten vor Ort angezeigt. Die Zuständigkeit der Jugendämter richtet sich nach dem Wohnort des Kindes. Es ist also die Stadt beziehungsweise das Landratsamt, in dem Ihr Kind wohnt, zuständig.

 **Deutschlandweiter Beratungsstellenführer der Deutschen Arbeitsgemeinschaft für Jugend- und Eheberatung e. V.**
www.dajeb.de/beratungsfuehrer-online/beratung-in-ihrer-naehe

Frauenhauskoordinierung e. V.
www.frauenhauskoordinierung.de/

Die Kinderschutz-Zentren
www.kinderschutz-zentren.org/ueber-uns/#zentren

BAG Täterarbeit Häusliche Gewalt e. V.
www.bag-taeterarbeit.de/beratungsstellen/

Weißer Ring
weisser-ring.de
Opfer-Telefon 116 006 (7 Tage 7 bis 22 Uhr)

**Bundeskonferenz für Erziehungsberatung e. V.
Online-Beratung für Eltern**
eltern.bke-beratung.de/views/home/index.html

Im **örtlichen Jugendamt**, das meist bei der Stadt oder dem Landratsamt angesiedelt ist

Nummer gegen Kummer: Das Elterntelefon
08 001 110 550 (montags bis freitags von 9 bis 17 Uhr, dienstags und donnerstags zusätzlich von 17 bis 19 Uhr)

Zum Schluss

»Es ist leichter geworden.«, »Die Kinder wirken entspannter!«, »Wir lachen wieder mehr.« Das sind die sinngemäßen Aussagen von Eltern und Kindern, die sich während der Beratungsprozesse engagiert und an ihrer Konfliktfertigkeit gearbeitet haben. Es lohnt sich also, die Ärmel hochzukrempeln und gemeinsam an einem freundlichen Miteinander und einer konstruktiven Konfliktkultur zu arbeiten.

Auch wenn es nicht immer Spaß macht und herausfordernd ist, sich selbst zu reflektieren, diszipliniert zu bleiben, an sich zu arbeiten und die eigene Komfortzone zu verlassen, kann dieser Prozess unser Leben entspannter und unsere Beziehungen tiefer und tragfähiger machen. Außerdem leisten wir einen wertvollen Beitrag für die Entwicklung unserer Kinder. Vorzuleben, dass man sich für sie anstrengt und sein Verhalten ändert, ist nicht nur ein Zeichen der Wertschätzung und Liebe für unsere Familien, sondern auch ein wichtiger Beitrag zur Erziehung und ein Schatz, den wir unseren Kindern mitgeben können. Denn die Fähigkeit, sich eigene Schwächen einzugestehen und Konflikte konstruktiv auszutragen, ist eine wesentliche Grundlage für gelingende Beziehungen, seelische Gesundheit und nicht zuletzt Erfolg im Beruf.

Sollten Sie nicht so wertschätzende Rückmeldungen oder belohnende Worte wie in den oben genannten Zitaten hören, wundern Sie sich nicht. Oft wächst das Bewusstsein dafür, wie viel Arbeit und Anstrengung in Veränderungen an unserem Konfliktverhalten steckt, in unseren Kindern erst, wenn sie selbst Eltern geworden sind, Ähnliches leisten müssen und die Welt mit »Eltern-Augen« sehen. Daher schenken Sie sich immer wieder selbst ein Lächeln, wenn Sie Erfolge erzielen! Feiern Sie diese und seien Sie stolz auf sich selbst, denn nicht nur bei kritischen Verhaltensweisen, sondern auch beim Wertschätzen dürfen wir bei uns selbst beginnen.

Quellen und weiterführende Literatur

Bierhoff, H., Rohmann, E. (2014) www.familienhandbuch.de/familie-leben/partnerschaft/gelingend/bindunginpartnerschaften.php, aufgerufen am 25.06.2023.

Bundesministerium für Familie, Senioren, Frauen und Jugend (Hrsg.) (2019), Verhütung und Bekämpfung von Gewalt gegen Frauen und häuslicher Gewalt – Gesetz zu dem Übereinkommen des Europarats vom 11. Mai 2011 (Istanbul Konvention). Aufgerufen unter: www.bmfsfj.de/resource/blob/122280/cea0b6854c9a024c3b357dfb401f8e05/gesetz-zu-dem-ueberenkommen-zur-bekaempfung-von-gewalt-gegen-frauen-istanbul-konvention-data.pdf S. 9

Engl, J., Thurmaier, F. (2003) *KOMKOM KOMunikationsKOMpetenz Training in der Paarberatung – Kursleitermanual.* München: Verlag Institut für Forschung und Ausbildung in Kommunikationstherapie e. V.

Glasl, F. (1998) *Selbsthilfe in Konflikten – Konzepte – Übungen – Praktische Methoden.* Stuttgart: Verlag Freies Geistesleben, Bern: Verlag Paul Haupt.

Gottman, J.M. (1994) *What predicts divorce?* Hillsdale, New Jersey: Lawrence Erlbaum Associates.

Gottman, J, Katz, L., Hooven, C. (1997a) *Meta-Emotion. How Families Communicate Emotionally.* Mahwah, New Jersey: Lawrence Erlbaum Associates.

Gottman, J.M., de Claire J. (1997b) *Kinder brauchen emotionale Intelligenz – Ein Praxisbuch für Eltern.* München: Diana-Verlag.

Gottman, J.M., Silver, N. (2002) *Die 7 Geheimnisse einer glücklichen Ehe.* München: Ullstein Taschenbuchverlag.

Graf (2005). *Familienteam. Das Miteinanderstärken. Das Geheimnis glücklichen Zusammenlebens*. Freiburg im Breisgau: Herder.

Haller, R. (2019) *Das Wunder der Wertschätzung. Wie wir andere stark machen und dabei selber stärker werden*. München: Gräfe und Unzer.

Haller, R. (2015). *Die Macht der Kränkung*. Wals bei Salzburg: Ecowin Verlag.

Moeller, M. (1996) *Die Wahrheit beginnt zu zweit. Das Paar im Gespräch*. Reinbek bei Hamburg: Rowohlt Taschenbuch Verlag.

Omer, H. Alon, N., von Schlippe, A. (2007) *Feindbilder – Psychologie der Dämonisierung*. Göttingen: Vandenhoeck & Ruprecht GmbH & Co. KG.

Pröls, C. (2007) Partnerschaft, Erziehungsverhalten und Entwicklung der Kinder Auswirkungen des Elterntrainings Familienteam auf die Partnerschaft, unveröffentlichte Magisterarbeit (angefertigt an der LMU München).

Satir, V. (1993) *Selbstwert und Kommunikation – Familientherapie für Berater zur Selbsthilfe* (11. Auflage 1993). München: Verlag J. Pfeiffer.

Schlippe von, A. (2014) »Die Konstruktion von Feindbildern – eine paradoxe ›Anleitung‹«, Systema, Jahrgang 28, Heft 2/2014, S. 321–336.

Schlippe von, A. (2013) »Die Konstruktion von Feindbildern eine paradoxe ›Anleitung‹«, Konflikt Dynamik, 2. Jahrgang; Heft 2/2013.

Schmid, M., Lang, B.: *Umgang mit Übertragung und Gegenübertragung in (trauma-) pädagogischen Settings – Selbstwirksamkeit der Fachkräfte mit der Interaktionsanalyse fördern*; Modul 3. In: ECQAT e-learning Kinderschutz ECQAT Traumapädagogik.

Schulz von Thun, F. (2011) *Miteinander Reden: 3 – Das »innere Team« und situationsgerechte Kommunikation. Kommunikation, Person, Situation (Sonderausgabe)*. Reinbek bei Hamburg: Rowolth Taschenbuch Verlag.

Simon, C., Weiss, B., Schulz von Thun, F. (2017) »Die Kunst der Kommunikation«. Interview von Claus Peter Simon und Bertram Weiss mit Friedemann Schulz von Thun. In: *GEO WISSEN – Die Kunst zu streiten*, Nr. 59, S. 28– 32.

Strohband, K. (2011) www.familienhandbuch.de/babys-kinder/entwicklung/saeugling/bindung/BindungimKindesalter.php aufgerufen am 16.05.2023.

Walper, S., Bröning, S., Krey, M. (2012) *Kinder im Blick: Ein Training für Eltern in Trennung – Trainerleitfaden*. Eine Kooperation der LMU München und des Familien-Notruf München.

Watzlawick, P., Weakland J.h., Fisch R. (2001) *Lösungen- Zur Theorie und Praxis menschlichen Wandels* (6. Auflage). Bern: Verlag Hans Huber.

Watzlawick, P.: www.paulwatzlawick.de/axiome.html aufgerufen am 07.09.2023.

Zemp, M., Bodenmann, G. (2017) »Die Bedeutung der Bindung für die psychische Entwicklung bei Kindern und Jugendlichen«. Akut – Informationsmagazin des Vereins für umfassende Suchttherapie, 31, 12–17. (online aufgerufen unter Researchgate.de).

Zimbardo, P., Gerrig, R. (1996) *Psychologie* (7. Auflage). Heidelberg, Berlin: Springer. (Sonderauflage für Weltbild Verlag GmbH Augsburg).

Internetquellen

www.famrz.de/entscheidungen/kindeswohlgefaehrdung-im-sinne-des-1666-i-bgb.html aufgerufen am 04.10.23.

www.gesetze-im-internet.de/gg/art_6.html aufgerufen am 01.10.23.

https://lifecoach.de/johari-fenster/ aufgerufen am 23.11.2023.

www.simplify.de/kommunikation/kommunikation-verbessern/familie-und-partnerschaft/zwiegespraech-partnerschaft/ aufgerufen am 13.12.2023.

Danksagung

An allererster Stelle möchte ich meiner Frau Lisa danken: Ohne dich würde es dieses Buch nicht geben. Vielen Dank, dass du mich so unterstützt und mir so oft den Rücken freigehalten hast. Vielen Dank für das Gegenlesen, deinen fachlichen Input, dein Feedback, deine Motivationsarbeit und noch so vieles mehr. Zum Glück haben wir dieses Projekt geschafft, ohne dass es gekracht hat.

Sophia und Leni, euch möchte ich dafür danken, dass ihr so verständnisvoll wart, wenn ich arbeiten musste, das hat mir das Schreiben viel leichter gemacht. Ein genauso großes Dankeschön dafür, dass ihr mich geholt habt, wenn es euch mit meiner Arbeit gereicht hat, und noch eines dafür, dass ihr mein und unser Leben so bereichert.

Meiner besten Freundin Maria Uhanyan möchte ich für all ihre Motivationsarbeit, das Gegenlesen, das fachliche Feedback und das Mutmachen danken. Ohne dich wäre es viel schwerer geworden.

Toni und Jürgen: Vielen Dank für den entscheidenden »Schubs« auf der Zugfahrt in die Pfalz und für euer Mitfiebern.

Ein großer Dank gebührt auch den Teams (in unterschiedlicher Zusammensetzung), von und mit denen ich so viel über Konflikte lernen durfte: dem Team des KinderschutzZentrums München, dem Team von KiSKO (Konflikte in Schulklassen kommunikativ lösen) sowie last but noch least dem »Kinder-im-Blick-Kurs

Team«, das sich aus den Teams des Familien-Notruf-München und der LMU München (federführend Frau Prof. Dr. Sabine Walper) zusammengesetzt hat.

Anmerkungen

1   Schlippe von, A.: Die Konstruktion von Feindbildern – eine paradoxe »Anleitung«, Systema, Jahrgang 28, Heft 2/2014, 2014, S. 321–336.
2   Zimbardo, P., Gerrig, R.: Psychologie (7. Auflage). Heidelberg, Berlin: Springer 1996. (Sonderauflage für Weltbild Verlag GmbH Augsburg).
3   Vgl. Schmid, M., Lang, B.: Umgang mit Übertragung und Gegenübertragung in (trauma-) pädagogischen Settings – Selbstwirksamkeit der Fachkräfte mit der Interaktionsanalyse fördern; Modul 3. In: ECQAT e-learning Kinderschutz ECQAT Traumapädagogik.
4   Aus der persönlichen Erinnerung zitiert.
5   Strohband, K. (2011) www.familienhandbuch.de/babys-kinder/ entwicklung/saeugling/bindung/BindungimKindesalter.php aufgerufen am 16.05.2023 um 17:08.
6   Strohband, K. (2011), www.familienhandbuch.de/babys-kinder/ entwicklung/saeugling/bindung/BindungimKindesalter.php aufgerufen am 16.05.2023.
7   Zemp, M., Bodenmann, G.: Die Bedeutung der Bindung für die psychische Entwicklung bei Kindern und Jugendlichen. Akut – Informationsmagazin des Vereins für umfassende Suchttherapie, 31, 2017, S. 12–17. (online aufgerufen unter Researchgate.de).
8   Zemp, M., Bodenmann, G. 2017, S. 3.
9   Bierhoff, H., Rohmann, E. (2014), www.familienhandbuch.de/familie-leben/partnerschaft/gelingend/bindunginpartnerschaften.php, aufgerufen am 25.06.2023.
10 Gottman, J., Katz, L., Hooven, C.: Meta-Emotion. How Families Communicate Emotionally. Mahwah, New Jersey: Lawrence Erlbaum Associates 1997a.

11 Nach Zimbardo und Gerrig.

12 Watzlawick, P., Weakland J.h., Fisch R.: Lösungen – Zur Theorie und Praxis menschlichen Wandels (6. Auflage). Bern: Verlag Hans Huber 2001.

13 Vgl. https://lifecoach.de/johari-fenster/ (aufgerufen am 23.11.2023).

14 Simon, C., Weiss, B., Schulz von Thun, F.: »Die Kunst der Kommunikation« Interview von Claus Peter Simon und Bertram Weiss mit Friedemann Schulz von Thun. In: GEO WISSEN – Die Kunst zu streiten, Nr. 59, 2017, S. 28–32.

15 www.simplify.de/kommunikation/kommunikation-verbessern/familie-und-partnerschaft/zwiegespraech-partnerschaft/ (aufgerufen am 13.12.2023) und Moeller, M.: Die Wahrheit beginnt zu zweit. Das Paar im Gespräch, Reinbek bei Hamburg: Rowohlt Taschenbuch Verlag, 1996.

16 www.edugroup.at/bildung/news/detail/haim-omer-begeistert-mit-neuer-autoritaet.html aufgerufen am 28.10.2023.

17 Engl, J., Thurmaier, F.: KOMKOM KOMunikationsKOMpetenz Training in der Paarberatung – Kursleitermanual. München: Verlag Institut für Forschung und Ausbildung in Kommunikationstherapie e. V. 2003.

18 Walper, S., Bröning, S., Krey, M.: Kinder im Blick: Ein Training für Eltern in Trennung – Trainerleitfaden. Eine Kooperation der LMU München und des Familien-Notruf München. 2012.

19 Gottman, J.M.: What predicts divorce? Hillsdale, New Jersey: Lawrence Erlbaum Associates 1994. paraphrasiert nach Pröls, C. 2007.

20 www.paulwatzlawick.de/axiome.html aufgerufen am 07.09.2023.

21 Vgl. Glasl, F.: Selbsthilfe in Konflikten – Konzepte – Übungen – Praktische Methoden. Verlag Freies Geistesleben: Stuttgart, Verlag Paul Haupt: Bern 1998.

22 Schlippe von, A.: Die Konstruktion von Feindbildern – eine paradoxe »Anleitung«, Systema 3/2014 (28. Jahrgang), S. 321–336.

23 Osgood, C.: Graduated and reciprocated initiatives in tension-reduction. In: Thee, M., Armaments, arms control and disarmament; a UNESCO reader for disarment, Unesco 1982.

24 Vgl. Glasl 1998.

25 www.gesetze-im-internet.de/gg/art_6.html aufgerufen am 01.10.23.

26 www.famrz.de/entscheidungen/kindeswohlgefaehrdung-im-sinne-des-1666-i-bgb.html aufgerufen am 04.10.23.

Ihre Spende
für eine bessere Zukunft!

Durch Ihre persönliche Unterstützung und Ihre Spende helfen Sie mit, Menschen in unseren Einrichtungen durch vielfältige Hilfsangebote und die benötigte Unterstützung individuelle Wege aus Krisensituationen aufzuzeigen.

Ihre Spende kommt zu 100% dem Kinderschutzbund Ortsverband München e.V. zugute.

Der Kinderschutzbund
Ortsverband München

Endlich entspannter sein

Kaum jemand macht Eltern so wütend wie die
eigenen Kinder. Dieses Buch hilft Eltern, mit ihren
Kindern in Beziehung zu treten und gemeinsam
nach Lösungen zu suchen.

Kreative Wege für eine friedvolle Elternschaft

»Carina Thiemann lädt Eltern ein, die Welt aus Sicht des Kindes zu sehen und zu denken.«
Susanne Mierau, Pädagogin und Spiegel-Bestsellerautorin

Wenn Nahrung auf Beziehung trifft

Christine Ordnung
mit Georg Cadeggianini

Familie am Tisch

Für ein neues Miteinander –
beim Essen und darüber hinaus

KÖSEL

»Essen und Beziehung sind beides Lebens-
mittel. Die Erfahrungen, die der Mensch
beim gemeinsamen Essen macht, begleiten
ihn ein Leben lang.«
Christine Ordnung & Georg Cadeggianini

KÖSEL
www.koesel.de

MIX
Papier | Fördert gute Waldnutzung
FSC® C083411

Penguin Random House Verlagsgruppe FSC® N001967

Copyright © 2024 Kösel-Verlag, München,
in der Penguin Random House Verlagsgruppe GmbH,
Neumarkter Str. 28, 81673 München
Redaktion: Dr. Katharina Theml, Büro Z, Wiesbaden
Umschlag: FAVORITBUERO, München
Umschlagmotiv: solidcolours / iStock.com
Satz: Satzwerk Huber, Germering
Druck und Bindung: CPI books GmbH, Leck
Printed in Germany
ISBN 978-3-466-31208-5

www.koesel.de